O BHAGAVAD GITA
segundo
PARAMAHANSA YOGANANDA

O BHAGAVAD GITA
segundo
PARAMAHANSA YOGANANDA

Organizado por seu discípulo
Swami Kriyananda

Tradução:
GILSON CÉSAR CARDOSO DE SOUSA

Editora
Pensamento
SÃO PAULO

Título do original: *The Bhagavad Gita.*

Publicado originalmente por Crystal Clarity Publishers, 14618 Tyler Foote Road, Nevada City, CA 95959 – www.crystalclarity.com

Ilustração da capa: Dana Lynne Andersen.

Coordenação editorial: Denise de C. Rocha Delela e Roseli de S. Ferraz

Preparação de originais: Roseli de S. Ferraz

Revisão: Indiara Faria Kayo

Dados Internacionais de Catalogação na Publicação (CIP)
(Câmara Brasileira do Livro, SP, Brasil)

O Bhagavad Gita segundo Paramahansa Yogananda / organizado por seu discípulo Swami Kriyananda ; tradução Gilson César Cardoso de Sousa. — São Paulo : Pensamento, 2010.

Título original: *The Bhagavad Gita.*
ISBN 978-85-315-1684-9
1. Bhagavad Gita - Crítica e interpretação I. Kriyananda, Swami.

10-08363 CDD-294.5924046

Índices para catálogo sistemático:

1. Bhagavad Gita : Livros sagrados : Hinduísmo : Interpretação e crítica 294.5924046

O primeiro número à esquerda indica a edição, ou reedição, desta obra. A primeira dezena à direita indica o ano em que esta edição, ou reedição, foi publicada.

Edição	Ano
1-2-3-4-5-6-7-8-9-10-11	10-11-12-13-14-15-16

Direitos de tradução para o Brasil
adquiridos com exclusividade pela
EDITORA PENSAMENTO-CULTRIX LTDA.
Rua Dr. Mário Vicente, 368 — 04270-000 — São Paulo, SP
Fone: 2066-9000 — Fax: 2066-9008
E-mail: pensamento@cultrix.com.br
http://www.pensamento-cultrix.com.br
que se reserva a propriedade literária desta tradução.
Foi feito depósito legal.

Sumário

Prefácio

Muitas das estrofes que aparecem nesta edição do Bhagavad Gita foram extraídas do meu livro bem mais extenso, *A Essência do Bhagavad Gita,* explicada por Paramahansa Yogananda,* que continha também comentários aprofundados sobre uma das grandes escrituras do mundo, trazendo, como o "Gita", a essência dos Upanishades. Estas, por sua vez, oferecem a essência dos Vedas imemoriais, a escritura tradicional da antiga Índia.

Incluídas nesta edição estão algumas estrofes omitidas em *A Essência do Bhagavad Gita*. Elas representam boa parte do Capítulo 1 (que o livro apenas resumia) e as primeiras dez estrofes (*slokas*) do Capítulo 2.

Ao escrever o volume maior, achei que seria mais conveniente para a fluidez do texto omitir esses *slokas*. Espero que, ao estudá-los neste compêndio do Gita integral, o leitor entenda por que, a princípio, apenas resumi o material. As estrofes omitidas formam, por si mesmas, uma dissertação quase completa.

---

* Publicado pela Editora Pensamento, São Paulo, 2007.

Vale acrescentar que foi devido sobretudo a essas primeiras estrofes que senti desde o início um vivo entusiasmo pelos comentários posteriores do meu guru.

Recomendo ao leitor que se sentir beneficiado por estas páginas arriscar o esforço (presumindo-se que ainda não o tenha feito) de ler o volume maior, mencionado anteriormente. Conforme meu guru, em palavras repletas de bênçãos, me assegurou depois de concluir sua obra monumental: "Milhões encontrarão Deus graças a este livro!"

Capítulo 1

Introdução

O *Mahabharata*, de que o *Bhagavad Gita* faz parte, não é uma história literal. Ao contrário, trata-se de uma alegoria profundamente espiritual elaborada sobre um fundo histórico. As principais personagens do relato existiram realmente, mas tornaram-se pontos de referência essenciais a cuja volta a história se desenvolve. Outras personagens são fictícias. Seus nomes remontam a raízes sânscritas, que lhes emprestam significados psicológicos.

Arjuna foi, na verdade, uma alma altamente evoluída; Krishna, na sequência do Bhagavad Gita, chama-o de "Príncipe dos Devotos". Todavia, nesta escritura curta, embora profunda, e especialmente no primeiro capítulo, ele desempenha o papel de mero aprendiz que apenas inicia sua jornada espiritual. Semelhante recurso pode às vezes parecer confuso aos leitores, sobretudo aqueles que já têm plena consciência da grandeza de Arjuna.

A lista de personagens deste primeiro capítulo não é, como talvez pareça à primeira vista, um simples catálogo de guerreiros perfilados uns contra os outros na preparação da guerra que está por vir. Ao contrário, eles simbolizam traços psicológicos e estados de consciência, cada um dos quais desempenha um papel importante na luta do devoto para escapar da ilusão do mundo e reivindicar sua verdadeira condição de Filho do Senhor Infinito.

Como alguns desses estados de consciência se manifestam apenas quando o devoto avança, ou mesmo ascende, no caminho espiritual, o fato de serem catalogados já no primeiro capítulo pode provocar alguma confusão. Sucede que, aqui, o ensinamento ficaria incompleto sem eles. Por isso, mostrei-os em sua presença apenas *latente* na consciência do devoto. *Samadhi*, por exemplo, não é algo que o principiante experimente; aparece, em geral, depois de anos de caminhada e, portanto, muito depois das dúvidas e desencorajamento iniciais que Arjuna exprime neste capítulo. Os estados superiores são tratados meticulosamente em capítulos posteriores desta grande escritura.

As estrofes:

1. (O rei) Dhritarashtra [a mente cega ou indisciplinada] perguntou o seguinte a Sanjaya [introspecção]:

No campo de batalha de Kurukshetra [e do confronto dhármico, *Dharmakshetra*], meus filhos [os Kurus (Kauravas) ou tendências e qualidades adhármicas (não espirituais)] e os filhos de Pandu [os pandavas ou aspectos espiritualmente superiores da natureza humana] se perfilaram uns contra os outros, ávidos de combate. Qual foi o resultado (de sua luta)?

2. Sanjaya respondeu:

(O príncipe) Duryodhana [desejos materiais], vendo o exército pandava (à sua frente) em ordem de batalha, (ansiosamente) se aproximou de Dronacharya [hábitos, *samskaras* passados ou tendências mentais — "guru" de Duryodhana, pois os desejos materiais são dirigidos por hábitos antigos*] e falou assim:

---

* Um traço interessante do *Mahabharata* é que, na guerra de Kurukshetra, Drona, embora seja também o guru dos honestos pandavas, alinha-se com os injustos Kau-

3. Contempla, ó Mestre, este grande exército dos filhos de Pandu dispostos em linha de batalha por teu próprio discípulo brilhante [Dhristadyumna ou intuição desperta; a serena luz interior que aparece também em consequência da "orientação" de tendências *espirituais* antigas], o filho de Drupada [indiferença aos gozos dos sentidos].

4. Ah! contempla aqueles robustos heróis, arqueiros exímios como Bhima [o poder de suscitar a energia do corpo] e Arjuna [impetuoso autocontrole], Virata [identificação extática do eu egoico com a alma interior] e Drupada [indiferença aos gozos dos sentidos], todos eles grandes condutores de carros [senhores dos sentidos].

5. Contempla também Dhrishtaketu [o poder interior de resistência à tentação (os *yamas* de Patanjali)],* Chekitana [lembranças espirituais recalcadas], Kashiraja [discernimento que flui para o norte ou para cima] e ainda Purujit [tendência a internalizar a mente (*pratyahara*)], Kuntibhoja [postura firme e ereta do corpo (*asana*)] e Shaibya [poder interior de adesão à virtude (os *niyamas*)], todos figuras de destaque entre os homens.

---

ravas. Ou seja, o hábito é a grande força dominadora por trás das tendências ilusórias e degradantes do homem. Seus atributos edificantes só no início dependem dos bons hábitos; à medida que ele progride espiritualmente, as boas tendências passam a ser alimentadas cada vez mais do alto, pela graça divina e a inspiração supraconsciente.

* Patanjali, o expoente clássico do yoga, catalogou as etapas universais do desenvolvimento espiritual (ou seja, seu ensino não é um "sistema" particular, mas uma declaração de verdades fundamentais aplicáveis necessariamente a qualquer busca espiritual). Patanjali apresenta as cinco primeiras etapas em sua sequência natural e verdadeira: *Yama*, *Niyama*, *Asana*, *Pranayama* e *Pratyahara*. O Gita as menciona aleatoriamente, talvez por razões poéticas — ou para compor o enigma!

6. Eis também o valente Udhamanyu [controle sobre a força vital interior (*pranayama*)], o bravo Uttamaujas [*ojas*; poder ou brilho espiritual, desenvolvido por meio do autocontrole sexual], o filho de Subhadra [Abhimanyu, autotranscendência] e os filhos de Draupadi* — todos eles igualmente *maharathis* (formidáveis condutores de carros) [senhores dos sentidos].

7. Mas para equilibrar, ó Flor do duplamente nascido, vê os chefes do meu próprio exército, que também se destacam.

8. Para começar, tu mesmo (Drona); Bhishma** [a consciência de uma identidade egoica separada]; Karna*** [apego externo], Kripa [não, neste caso, mercê ou graça divina, como geralmente se entende, mas ilusão pessoal em oposição a ilusão cósmica], Ashwatthama**** [atração (gos-

---

* Kundalini. Draupadi, no *Mahabharata*, embora noiva de Arjuna, está fadada a desposar os cinco irmãos Pandava. Estes simbolizam os cinco chakras da espinha. Assim Kundalini, subindo pela espinha, vai se juntando a cada um dos "irmãos": Sahadev, cóccix ou *muladhara*; Nakula, sacro ou *swadisthana*; Arjuna, coluna lombar ou *manipura*; Bhima, coração, coluna vertebral ou *anahata* e Yudhisthira, garganta, coluna cervical ou *bishuddha*. Os filhos de Draupadi são a energia vital (devido a seu fluxo ascendente) na espinha, resultante da união de Kundalini com cada chakra.

** Na história, Bhishma tem o poder de morrer só quando o desejar. Assim, embora no final da guerra ele fique estendido no chão crivado de flechas, profere um último sermão inspirado sobre os deveres da realeza. O poder que lhe foi dado significa que a consciência de uma identidade egoica separada só pode mergulhar na Unidade Infinita por decisão do próprio ego.

*** Meio-irmão de Arjuna, pois o apego externo só precisa ser dirigido para dentro a fim de se transformar em rígido autocontrole.

**** Ashwatthama, filho de Drona (hábitos, antigos *samskaras*), aparece com destaque em dois episódios do *Mahabharata*.

No primeiro, Yudhisthira (divina serenidade) apela para um engodo a fim de vencer o invencível Drona. Ele deixa Drona abatido convencendo-o de que Ashwatthama, seu filho, está morto. A história sugere um estratagema por meio do qual a mente serena pode superar maus hábitos afirmando a não existência da atração (ou a indiferença a ela), ainda que as raízes da atração não hajam sido extirpadas do subconsciente.

tos)], Vikarna [repulsão (aversões)], o filho de Somadatta [Bhurishravas, o impulso para a atividade exterior, material] e Jayadratha [escravidão à existência perpetuamente separada; não incluído em todas as versões do Gita, mas sutilmente distinto do apego externo ou Karna].

9. E muitos outros — heróis bem treinados para a luta e munidos de pesadas armas, (todos eles) prontos a dar a vida por mim [em defesa dos desejos materiais do ego].*

10. Nossas forças, comandadas por Bhishma, são inumeráveis [pois os caminhos que conduzem à ilusão são múltiplos]; mas o exército inimigo, a cuja frente está Bhima [o poder de suscitar a energia do corpo], é compacto [pois que concentrado e forte].

11. Vós todos, portanto, cada qual na devida posição, fazei (tudo quanto puderdes) para proteger Bhishma.**

No segundo episódio, depois da guerra de Kurukshetra, Ashwatthama, esgueirando-se em meio à noite, mata o que restou dos heróis pandavas. Assim, é "condenado" a tornar-se *amar* (imortal). Com efeito, a atração é a única qualidade negativa que jamais muda sua natureza intrínseca. Outros "paladinos" do mal se transformam: a cólera em calma; a avareza em autossuficiência; a luxúria em autoabsorção no Infinito. Só a atração permanece sempre ela mesma: *rasa*, bênção "supremamente apetecível", essência da consciência de Deus. De fato, na consciência Dele, todas as virtudes humanas (humildade, bondade, generosidade) são finalmente "chacinadas" ou absorvidas na Bem-aventurança Eterna.

Concentrar-se no Eu, no atrativo superior da bênção, é a melhor maneira de superar todas as atrações sensoriais inferiores.

* O *Mahabharata* cataloga entre esses guerreiros os seis defeitos principais do ego humano: *Kama* (luxúria), *Krodha* (cólera), *Lobha* (avareza), *Moha* (escuridão ou confusão mental), *Mada* (orgulho) e *Matsarya* (inveja).

** Bhishma, embora "proteja" seu exército, deve por sua vez ser protegido pelos chefes militares. Com efeito, a consciência da identidade egoica separada, realidade primordial do homem, sai em defesa de suas ilusões e, ao mesmo tempo, precisa ser defendida pela constante lembrança de sua dependência do envolvimento pessoal na exterioridade.

12. Então o velho Bhishma, glorioso e válido entre os kurus, ávido por encorajar [atiçar] Duryodhana, soprou com força sua corneta.*

13. Seguiu-se de imediato, em resposta, um grande tumulto de cornetas, tambores, címbalos e trombetas, soando em forte alarido.

14. Então, Madhava (Krishna) e Pandava (Arjuna) postaram-se em seu magnífico carro puxado por cavalos brancos [em número de cinco, representando os cinco sentidos] e sopraram poderosamente em suas cornetas celestes.**

15. Hrishikesha (Krishna) fez soar sua Panchajanya [*AUM* e o som conjunto de todos os chakras]; Dhananjaya (Arjuna) tocou sua Devadatta [literalmente, "dom dos deuses" ou "aquilo que dá alegria": o som resoluto de um instrumento de cordas no chakra *manipura*]; e Vrikodara (Bhima), responsável por grandes feitos [associado ao poderoso *vayu*;

---

* Drona (tendências passadas que também podem incluir inclinações boas e espirituais) não conseguiu tranquilizar completamente Duryodhana e sequer respondeu diretamente à sua pergunta. Bhishma, portanto, tenta confortá-lo. A corneta de Bhishma é a respiração. Quando esta se acalma na meditação e, de algum modo, o mundo exterior reflui da percepção egoica, a lembrança do corpo com seus desejos ainda vivos convoca o ego e insta-o a respirar de novo — às vezes pesadamente, na ânsia subconsciente de reafirmar a exterioridade. Esse "toque de corneta" é seguido (como se vê no verso seguinte) pelo retorno da percepção exterior, acompanhada pelo tumulto da percepção sensorial.

** A fim de encaminhar o devoto para o Eu divino, ouvem-se os sons celestiais (sobretudo no ouvido interno direito) do AUM cósmico, além de sons subsidiários nos chakras espinais: no cóccix ou *muladhara*, o de um inseto zumbidor ou (às vezes) de um motor; no sacro ou *swadisthana*, o de uma flauta ou, às vezes, de um grilo ou regato; na coluna lombar ou *manipura*, o de um instrumento de cordas; no coração, coluna dorsal ou *anahata*, o de um gongo grave ou então de badaladas agudas de um sino; e na garganta, coluna cervical ou *bishuddha* (*visuddha*), o do trovão, do oceano encapelado ou (às vezes) do vento passando por entre os pinheiros.

ar, um dos cinco "elementos" primários], soprou sua grande corneta Paundra [que produzia o som profundo de um gongo].

16. Então o príncipe Yudhisthira [divina serenidade], filho de Kunti [força espiritual; anseio intenso por Deus], tocou sua Anantavijaya [controle total sobre o prana interior]; Nakula [o sacro ou *swadisthana*] e Sahadeva [o cóccix ou *muladhara*] soaram, respectivamente, Saghosha [um som de flauta como a que Krishna, em criança, tocava em Gokula] e Manipushpaka [um zumbido profundo].

17. Em seguida o rei de Kashi ["rumo norte" ou discernimento que flui para cima], excelente arqueiro; Sikhandi [a vontade e a *compreensão* para fazer apenas o bem, ações autoedificantes e, portanto:], vigoroso condutor de carros [senhor dos cinco sentidos]; Drishtadyumna [a serena luz interior ou senso intuitivo de sua presença oculta]; Virata [literalmente, "majestático"; senso de unicidade com o Espírito]* e o invencível Satyaki [veracidade];

18. Drupada [ausência total de paixões]; os filhos de Draupadi [ver acima] e o fortemente armado filho de Subhadra [autodomínio]: todos esses, ó Senhor da Terra, sopraram (com força) suas cornetas.

19. O enorme tumulto, ecoando por céus e terras [penetrando os corpos físico e astral dos devotos], feriu o coração dos

---

* Literalmente, *samadhi*. Foi preciso que Vyasa (Byasa) incluísse aqui, a bem da forma, as etapas superiores de meditação (*dharana*, *dhyana* e os dois estágios de *samadhi*: *sampragyata* e *asampragyata* ou *sabikalpa* e *nirbikalpa*). Mas, como este primeiro capítulo trata do estado mental do principiante em meditação, cumpre entender no contexto que os estados superiores estavam apenas latentes na consciência do devoto.

filhos de Dhritarashtra [abalando, portanto, a fé do devoto no atrativo do gozo material].

20. Vendo a coorte de Dhritarashtra (os kauravas) perfilada (à sua frente) para a batalha, Pandava (Arjuna), cuja bandeira ostentava a imagem do macaco [esse símbolo de agitação, quando erguido pelo estiramento da espinha, indica controle sobre a mente hiperativa],* empunhou seu arco [símbolo da postura meditativa correta: corpo ereto, com a corda indicando uma espinha distendida] e voltou-se para Hrishikesha (Krishna):

21-23. Disse Arjuna: Ó Krishna Imutável, peço-te (respeitosamente) que conduzas meu carro em meio aos dois exércitos para que eu os veja dispostos em ordem de batalha um contra o outro e observe os guerreiros com quem devo lutar. Devo estudar (esses guerreiros) que, de bom grado, apoiam o filho de Dhritarashtra (Duryodhana).

24-25. Disse então Sanjaya a Dhritarashtra:

Ó Descendente de Bharata! Ouvindo essas palavras de Gudakesha (Arjuna), Hrishikesha (Krishna) conduziu aquele que era o melhor dos carros para um ponto entre os dois exércitos. Ali, diante de Bhishma, Drona e a grande horda

---

* Há outro significado, mais sutil, para "ostentar a imagem do macaco". A expressão significa também a prática de *kechari mudra*, durante a qual a língua do yogue (essa grande "palradora" quando sua atividade se volta para fora!) retrocede para tocar a úvula, no fundo da boca, ou (melhor ainda) sobe para a passagem nasal, em ambos os casos acionando nervos que ajudam a pôr em "curto-circuito" a energia proveniente da medula e alçando-a na direção da luz de *kutastha*, no ponto do cérebro localizado atrás e entre as sobrancelhas.
Advertência: o freio sob a língua não deve ser seccionado, mas estirado gradualmente, de preferência com a devida orientação.

dos chefes adversários, declarou: Eis aí, Partha (Arjuna), a poderosa reunião dos kurus!

26. Partha (Arjuna) viu então diante de si [seus próprios parentes]: avós, pais, sogros, tios maternos, irmãos e primos, filhos e netos, camaradas, antigos amigos e mestres.

27. E vendo todos aqueles parentes diante de si, o filho de Kunti (Arjuna) encheu-se de tristeza e disse em tom lamentoso:

28-30. Ó Krishna, contemplando meus próprios parentes reunidos para nos combater, a força me abandona; meus membros tremem; minha boca está seca; todo o meu corpo se agita; eriçam-se-me os cabelos [sinais de conflito interior]! O sagrado arco Gandhiva escapa das minhas mãos [quando, com a espinha dobrada, ele se inclina para a frente, desalentado] e minha pele arde em febre [sinal de desejos latentes que despertam]. Não consigo permanecer ereto e minha mente se dispersa.

31. Ó Keshava (Krishna), só tenho (para a guerra iminente) maus pressentimentos! Com efeito, nada de bom pode resultar da morte desses homens, membros da minha própria família.

32. Ó Krishna! Não ambiciono a vitória (contra meus parentes), nem o reino, nem as recompensas (da vitória), nem a própria vida. Pois que uso faria desses ganhos vãos?

33-34. Os que se alinham diante de nós são nossos [antigos] mestres [anseios e esperanças de realizar ambições e desejos mundanos, falsos], pais [geradores de passadas inclinações sensuais], filhos [os próprios prazeres dos sentidos], avós [tendências sensuais de antigas encarnações], tios, sogros, netos, genros e outros parentes [influências mais distantes: globais, nacionais, sociais, ambientais e familiares].

35. Ó Madhusudhana (Krishna)! Como poderei matá-los, embora eles próprios queiram dar cabo de mim? De bom grado renunciaria ao governo (autocontrole) dos três mundos [universos causal, astral e físico] — quanto mais a este pequenino reino terrestre [meu corpo físico]!

36. Que felicidade encontraríamos, ó Janardana (Krishna), em destruir o clã Dhritarashtra? Por pecadores que sejam, também nós não pecaríamos (matando-os)?

37. Seguramente, não há justificativa em chacinar nossos próprios primos, os filhos de Dhritarashtra!

38-39. Ainda que eles, cegos pela cobiça, não vejam nada de errado em matar-nos (a seus próprios parentes) e trair seus amigos, não devemos nós, que sabemos distinguir o certo do errado e percebemos o mal que representa a extinção de toda uma dinastia, evitar tamanho crime?

40. Com a desintegração de uma família, suas antigas tradições se perdem. Quando semelhante desastre ocorre, a família inteira fica sem rumo e sucumbe ao pecado.*

---

* As pessoas mundanas desenvolvem (individualmente e em família) um dado conjunto de padrões: comportamentos e crenças que os amparam nos conflitos com outros conjuntos de valores. Esses padrões pessoais dão certa coerência às suas próprias convicções, deixando-as seguras sempre que valores diferentes as desafiam e permitindo-lhes ser pura e simplesmente "elas mesmas". O devoto apenas teme que, caso esses padrões cuidadosamente cultivados se percam quando a alma se fundir com Deus, nenhuma orientação lhe reste para conduzir sua vida.

41. Ó Krishna! Desaparecendo a religião [tradições individuais e familiares], as mulheres da família se corrompem [os sentimentos do devoto perdem a coerência e mergulham no caos].* E o resultado disso só pode ser a mistura das *varnas* (castas).**

42. Essa mistura [confusão quanto ao rumo a tomar na vida] abisma no inferno tanto os destruidores da família [atos e qualidades que solapam ou fragmentam a "família" de consciência cuidadosamente formada pela pessoa] quanto a própria família. Os ancestrais [a herança de tendências subconscientes, oriundas de vidas anteriores] serão esquecidos*** em virtude da cessação das tradicionais ofe-

---

* De um modo geral, também em sociedade qualquer elevação de consciência depende grandemente de suas mulheres e da influência feminina. A sociedade que não trata com o devido respeito as mulheres está fadada a tornar-se ou a permanecer atrasada e degradada.

** O sistema de castas foi estabelecido, originalmente, para apontar à humanidade o rumo certo da evolução individual: da ênfase estreita no corpo a uma maior percepção mental; da capacidade mental, egoisticamente orientada, ao emprego dos dons intelectuais a serviço dos semelhantes; e, por fim, do serviço prestado aos outros apenas em sua humanidade, separada do eu, ao serviço prestado ao Espírito Uno que existe em todos.

Esse rumo apontado ao desenvolvimento foi escolhido para lembrar às pessoas, entre outras coisas, que a verdadeira evolução pessoal (pois que inteiramente satisfatória) não brota do autoengrandecimento (dominando fisicamente pessoas, quando se é um *sudra*; enganando-as ou explorando-as nos negócios, quando se é um *vaishya*; governando-as com rigor excessivo, quando se é um *kshatriya*; ou realizando ritos religiosos como mero dever social, quando se é um *brahmin*). No início, com efeito, o sistema de castas não era hereditário. A casta era determinada pela natureza da pessoa, que ela devia aprimorar nos termos dessa própria natureza. (Sri Krishna declara em outra passagem do Bhagavad Gita que mesmo o pior dos pecadores pode se aproximar rapidamente de Deus.)

Misturar castas significa, pois, confundir o senso pessoal de evolução espiritual e renunciar a todas as aspirações de ordem superior.

*** Como sucede quando o ego se dissolve na consciência cósmica e todos os karmas passados são finalmente neutralizados.

rendas de bolos de arroz e água [símbolos da preocupação e energia com que as pessoas alimentam suas tendências latentes].

43. Em consequência dessas más ações, aqueles que destroem a família [removendo as autodefinições zelosamente elaboradas pela pessoa] instauram a mistura de castas [confundindo a autoidentidade já estabelecida e, portanto, aparentemente normal]. Assim se perde o antigo senso de realidade pessoal.

44. Ó Janardana (Krishna)! Muitas vezes tenho ouvido que as pessoas indiferentes aos ritos religiosos familiares [senso tradicional da função e propósito individuais] são obrigadas a residir perpetuamente no inferno.*

45. Ai de nós! Por (pura) ambição de possuir um reino, nós (nos juntamos aqui) decididos a matar nossos próprios parentes [as tendências que, embora prejudiciais à serenidade mental e felicidade íntima, são, por isso mesmo, membros de nossa "família" de consciência]. Esse ato nos fará cair, seguramente, em grande pecado.

46. Eu preferiria, pois, que os filhos de Dhritarashtra, com as armas [dos sentidos] em mãos, me destruíssem! Somente (por meio dessa passividade), ao que me parece, eu poderia sonhar com a felicidade.**

---

* O inferno não é concebido apenas como as regiões inferiores do mundo astral para onde vão os malfeitores após a morte, durante incontáveis períodos de tempo; ele é também o sofrimento ao qual as pessoas, na Terra, se condenam por suas ações impuras.

** Assim, o noviço espiritual vacila, temeroso do formidável conflito que percebe diante de si, e pergunta-se: "Valerá mesmo a pena sacrificar *tudo* para encontrar Deus?"

47. Assim falou Sanjaya [introspecção] a Dhritarashtra [a mente cega ou passiva]:

Arjuna, tendo assim desabafado no campo de batalha de Kurukshetra, com mente abalada por causa da tristeza e da inquietação mental, baixou o arco [abandonou a postura meditativa ereta] e se deixou cair no assento do carro.

Aqui termina o primeiro capítulo, intitulado "O Desânimo de Arjuna no Caminho do Yoga", dos Upanishades do sagrado Bhagavad Gita, o diálogo em que Sri Krishna e Arjuna debatem sobre o yoga e a ciência da realização em Deus.

Capítulo 2

1. Sanjaya continua falando a Dhritarashtra:

   Madhusudana (Krishna) dirige-se então a ele (Arjuna), que parecia esmagado pela autopiedade e inteiramente sem ânimo, os olhos banhados em lágrimas.*

2. Disse o Senhor:

   De onde te vem, ó Arjuna, tamanha pusilanimidade neste momento de decisão? Semelhante comportamento é impensável numa alma (tão) nobre. Não te conduzirá ao paraíso e, aqui na Terra, só te trará desgraça.

3. Não cedas, ó Partha (Arjuna), ao desânimo! Ele não te convém. Deita fora essa fraqueza de coração, ó Vencedor de Inimigos! Levanta-te!

4. Arjuna replicou:

   Ó Matador de Madhu e Destruidor de Inimigos (Krishna)! Como poderei eu mover guerra e disparar flechas [de con-

---

* As lágrimas de Arjuna se devem não tanto à lembrança dos perdidos gozos sensoriais quanto à sua tristeza por não ter alcançado o progresso interior, espiritual, e as consolações superiores.

centração] contra Bhishma [minha própria realidade egoica profundamente enraizada] e contra Drona [meu "preceptor" de antigas tendências, que sempre me definiu tal qual eu era (e talvez ainda seja)]? Esses grandes guerreiros só merecem de mim respeito e reverência!*

5. Eu preferiria até mesmo uma vida de mendicância a matar (essas realidades antigas e autodefinidoras) os mestres de tudo quanto fui e aprendi. Podem estar errados, mas ainda assim foram meus professores. Que alegria encontrarei se, buscando-a, (descer tão baixo a ponto de) derramar-lhes o sangue?

6. Qual será o melhor desfecho: nós os vencermos ou sermos vencidos por eles? Desejaremos viver ainda depois de trucidar (nossos primos) os filhos de Dhritarashtra, não importa que, perfilados diante de nós, nos ameacem (com a guerra)?

7. Todo o meu ser treme com a debilidade da incerteza. Imploro-te, dize-me com exatidão o que devo fazer. Qual é o caminho certo? Sou teu discípulo: busco refúgio em ti.

8. Sim, não sei como fugir ao meu dilema. Tanta aflição embota meus sentidos; ela persistirá (estou certo) mesmo que eu amealhe riquezas e poderes inauditos. Não desapareceria ainda que eu me tornasse o rei dos deuses (e obtivesse, portanto, um trono glorioso no céu).

9. Sanjaya disse então a Dhritarashtra:

---

* O mundo quer que o homem se orgulhe de sua individualidade e aceite a própria personalidade como sua realidade última — ou seja, como aquilo que o faz ser *o que é*.

Tendo falado assim a Hrishikesha (Krishna), Gudakesha-Parantapa (Arjuna) declarou depois a Govinda (Krishna): "Não lutarei!" E calou-se.

10. Ó Bharata (Dhritarashtra), àquele que, postado entre os dois exércitos, sentou-se lamentoso, o Senhor dos sentidos (Krishna), como a sorrir,* disse as seguintes palavras:

11. O Senhor Abençoado disse:

Com palavras de amor (e talvez sabedoria), lamentaste quem não merece ser lamentado. O sábio não chora nem pelos que permanecem na Terra nem pelos que a deixam.

12. Nem sequer estamos neste mundo pela primeira vez. Eu, tu, esses nobres cuja morte (possível) lamentas: todos vivemos aqui antes e nunca deixaremos de existir.

13. Assim como o ego preserva, intacto, o fio da percepção de si mesmo ao longo da infância, adolescência, juventude e velhice, assim a alma encarnada (que infunde consciência ao ego) mantém sua percepção ininterruptamente, não apenas etapa após etapa da vida terrena, mas em cada corpo que penetra.

14. Ó Filho de Kunti, sensações como calor e frio, prazer e dor são gerados pelos sentidos em (seu) contato com o mundo. Não passam de ideias transitórias, cada qual com começo e fim. Ó Descendente de Bharata, suporta-as com paciência!

---

* Paramahansa Yogananda dizia que o devoto, ajoelhando-se aos pés de Deus a despeito do seu próprio desânimo espiritual, agrada-O muito pela completa submissão à sabedoria divina. Com efeito, é um sinal do *grande* prazer de Deus o fato de o devoto, nessa altura do caminho espiritual, perceber ou sentir dentro de si o sorriso divino.

(a sabedoria consiste em não se identificar com nada fora do Eu).

15. Ó Flor entre os Homens, aquele que permanece calmo e equilibrado nunca se importa com a dor ou o prazer, pois tem consciência de que viverá eternamente.

16. O irreal não existe. O real não pode deixar de existir. O sábio conhece a natureza última da realidade: o que é e o que não é.

17. Só Ele, o Espírito Imutável, a tudo permeia e jamais perece. Nada pode destruir Sua realidade eterna.

18. O Eu interior nunca se altera, nunca sucumbe, nunca se vê limitado. Apenas o envoltório de carne perece. Por isso, ó Prole de Bharata, acata teu dever (neste corpo) e luta!

19. Aquele que considera seu Eu eterno e verdadeiro capaz de matar (alguma coisa) e se acredita, em essência, capaz de morrer, esse não conhece a verdade. O verdadeiro Eu não mata nem é morto.

20. O Eu não nasce nem morre. Existente por si mesmo, a existir continua por toda a eternidade. Sem princípio, imortal, imutável — e sempre o mesmo. O Eu não é eliminado quando o corpo sucumbe.

21. Quem, sabendo que o verdadeiro Eu é imperecível, indestrutível, imutável e não nascido, achará que esse Eu é capaz de provocar a destruição de outro Eu? Ó Partha (Arjuna), quem está matando quem?

22. Assim como a pessoa joga fora as roupas usadas e veste novas, assim a alma que vive num corpo físico (remo-

ve-o) e o descarta quando já está gasto, substituindo-o por outro.

23. As armas não podem ferir a alma; o fogo não a pode consumir; a água não a pode embeber; o vento não a pode arrebatar!

24. A alma é invulnerável; não muda, permeia tudo, sempre serena e imperturbável. Vive para sempre.

25. Não se pode sequer conceber a alma por meio da razão. O Eu é imaterial e informe. Aprende essa verdade e abstém-te de lamúrias.

26-27. Mas ainda que preferisses julgar o Eu perecível, que importa? O que nasce tem de morrer. O que morre tem de renascer. Para que chorar o que não pode ser evitado?

28. (Os períodos) anteriores ao nascimento e posteriores à morte escapam ao teu olhar. Só tens ciência do que vês com os sentidos. Para que chorar o que não pode ser visto?

29. Algumas (pessoas) contemplam a alma, deslumbrados. Outros descrevem (a experiência dela) como maravilhosa. E outros ainda, ouvindo-a, captando-a, declaram-na um prodígio. Os demais, apesar de tudo o que lhes foi dito sobre ela, de modo algum a compreendem.

30. Ó Bharata (Arjuna), existe um Eu em todas as coisas. Esse eu é inviolável. Não te preocupes, pois, com (o que ocorre) no mundo do manifesto.

31-32. Mesmo quando vemos as coisas pessoalmente, do ponto de vista do dever *dhármico*, não há motivo para sofrimento ou hesitação. Nada convém mais a um *Kshatriya*, cujo dever é lutar pela justiça, do que defender o que é correto e verdadeiro. Feliz e abençoado és tu, que estás disposto a dar a própria vida por semelhante causa. Essa morte te abrirá os portões do paraíso.

33-34. Se, porém, recusares esta oportunidade de travar o bom combate, repelindo assim teus deveres, incorrerás em pecado. As outras pessoas (longe de te reverenciar) enxovalharão teu nome. Para um homem que se respeita, a desonra é verdadeiramente pior que a morte.

35-36. Os outros guerreiros presumirão que evitaste a luta por medo. Quem te teve em alta conta até hoje te desprezará doravante. Teus inimigos pronunciarão teu nome com desdém e ridicularizarão tuas proezas. Haverá (para um guerreiro) coisa mais dolorosa?

37-38. Se tombares em combate, ganharás o céu. Se venceres essa guerra, conquistarás glória terrena. Eia, pois, ó Filho de Kunti (Arjuna)! Decide-te a lutar! Sê calmo em presença do prazer ou da dor, da perda ou do ganho, da vitória ou da derrota. Assim, não pecarás.

39. Eis que te explanei a sabedoria última de *Shankhya*. Ouve agora a sabedoria do Yoga, com a qual romperás os grilhões do karma, ó Partha!

40. Nesse caminho (da ação yóguica) não existe o risco de "assuntos inconclusos" nem há, latentes nele, os efeitos contrários da dualidade que o possam anular. Mesmo uma limitada prática dessa religião libertará o homem de medos terríveis e sofrimentos colossais (inerentes aos ciclos incessantes de morte e renascimento).

41. Neste yoga, só há uma direção (sem oposto polar). Os arrazoados da mente indecisa, apanhada na dualidade, são infinitamente vários e divergentes.

42. Ó Partha (Arjuna), a fixidez do estado de samadhi está fora do alcance daqueles que se aferram ao poder pessoal e aos prazeres dos sentidos. Quem ficou turbado pelas promessas enganosas de mestres que, eles próprios ignorantes, prometem o céu como a maior das recompensas, não supõe que exista algo superior a isso.

43. Os rituais védicos (e outras práticas formais) não levam à união com Deus, o mesmo sucedendo a promessas (ou esperanças) de prazeres inefáveis no mundo astral. Tudo isso só leva, na verdade, a sucessivos nascimentos na Terra.

44. Aqueles que, incapazes de discernir entre o certo e o errado, almejam o poder pessoal e os prazeres intensos dos sentidos (quer na Terra, quer no mundo astral após a morte) recorrendo a rituais védicos, reforçam seus laços com o ego. Não logram obter o equilíbrio interior que se estabelece com a meditação e ainda erram o único alvo verdadeiro da vida: a união com Deus.

45. Ensinam os Vedas que o universo é um composto de três qualidades básicas ou *gunas*. Teu dever, Arjuna, é ficar livre das três, tanto quanto da dualidade da Natureza. O caminho para isso é permanecer sempre calmo no Eu, alheio a quaisquer pensamentos de aceitação ou posse.

46. Para quem conhece Brahman (o Espírito Supremo), os Vedas são tão inúteis quanto um poço quando toda a terra em volta está alagada.

47. O agir (nesta esfera de vibração) é um dever, mas que o teu ego não cobice os frutos da ação. Não te apegues nem à ação nem à inação.

48. Ó Dhananjaya (Arjuna), mergulha no pensamento do yoga (união com Deus), sê desprendido no íntimo e permanece sempre o mesmo no sucesso ou no fracasso. A perfeita equanimidade da mente e do sentimento é, ela própria, a definição do yoga.

49. A ação com vistas a resultados é muitíssimo inferior à ação orientada pela sabedoria. Por isso, ó Dhananjaya, que em tudo a sabedoria te oriente. O fracasso aguarda as ações executadas com o objetivo de colher frutos.

50. Quem está unido à sabedoria cósmica não sofre os efeitos nem da virtude nem do vício, ainda que viva num corpo. Por isso, devota-te, pela sabedoria, a alcançar a unidade do yoga. Essa é a única ação reta.

51. Aqueles que dominaram seus pensamentos escapam aos limites da mente e mergulham na sabedoria cósmica. Eles (percebendo a natureza ilusória do ego) se libertam das cadeias do renascimento e atingem o estado que transcende todas as aflições.

52. Quando tua percepção varrer as névoas escuras da ilusão, ficarás indiferente a tudo quanto porventura tenhas ouvido a respeito deste mundo e do próximo.

53. Quando teu discernimento já não for abalado pelas opiniões, mas permanecer sereno na beatitude da alma, então alcançarás a união final com Deus.

54. Disse Arjuna: "Ó Keshava (Krishna), como saber se alguém conquistou a sabedoria serena e ora permanece em união com Deus? Como ele fala, se senta, caminha?"

55. Ó Partha (Arjuna), quem renunciou a todos os desejos e se contenta apenas com o Eu, a esse se pode considerar imerso na sabedoria.

56. Aquele cuja consciência não se abala com a aflição nem se excita com a boa fortuna; aquele que já não apetece os afetos terrenos, não sente medo ou cólera: esse homem merece ser considerado um *muni* de sólido discernimento.

57. Aquele que, independentemente das circunstâncias, a nada se apega, não se inebria com o bem e não se deprime com o mal é um homem de sólida sabedoria.

58. Quando o yogue, como a tartaruga que recua a cabeça e membros para dentro da carapaça, consegue retirar sua energia dos objetos da percepção sensorial, consolida-se na sabedoria.

59. O homem que (apenas) se abstém dos prazeres sensuais pode esquecê-los por algum tempo, mas sem lhes perder o gosto. Àquele que se entrega ao Espírito Supremo, porém, só lhe apraz o Infinito.

60. Ó Filho de Kunti (o poder de alhear-se das paixões), Arjuna, até o homem sábio, que cultiva o autocontrole, pode às vezes ser abalado pela turbulência dos sentidos.

61. A pessoa que, depois de subjugar os sentidos, uniu-se a Mim, permanece absorta no Eu infinito, que ela sabe ser o Supremamente Deleitável. Só o domínio dos sentidos propicia a solidez da verdadeira sabedoria.

62-63. Fixar mentalmente objetos dos sentidos faz com que nos apeguemos a eles. Do apego brota o desejo. Do desejo (quando insatisfeito) brota a cólera. A cólera gera a ilusão. A ilusão produz o esquecimento (do Eu). A perda da memória (memória de quem a pessoa é verdadeiramente) faz decair o poder do discernimento. À perda do discernimento segue-se a aniquilação do reto pensar.

64. O homem que aprendeu perfeitamente a se controlar consegue agir neste mundo sem ser por ele afetado. Livre, no íntimo, de atração e repulsão, já atingiu a calma interior inabalável.

65. Alcançada a beatitude da alma, todo vestígio de sofrimento desaparece. A beatitude concede discernimento absoluto e enraíza firmemente a consciência (no Eu).

66. Aqueles cuja consciência não se enraizou carecem de discernimento. Quem não medita não tem paz. E, se não tem paz, como será feliz?

67. Assim como um barco pode ser desviado da rota por um vento repentino, assim o discernimento pode desgarrar-se pelas fantasias da influência sensorial.

68. Por isso, ó Poderosamente Armado (Arjuna), afasta tuas faculdades sensoriais (a capacidade de ver, ouvir, etc.) dos sentidos em si e dos objetos para os quais eles se voltam. Assim, tua sabedoria se firmará.

69. O que é noite para o não iluminado, para o yogue é dia. E o que é dia para a gente comum é noite para o vidente (o yogue que percebe a realidade interior).

70. Feliz é aquele que, como o oceano, absorve em si mesmo, calmamente, todos os rios do desejo. (Ao contrário), aquele cujos desejos se escoam (como de um lago) logo vê esgotada (sua energia).

71. Conhece a paz aquele que, desistindo de todos os desejos (consumidores de energia) e plenamente satisfeito com seu estado de desprendimento, já não se vê como um ego individual, à parte.

72. Ó Partha (Arjuna), esse estado é conhecido como *Brahmisthiti*: unidade absoluta com o Infinito. Quem o atinge jamais reincide na ilusão. Mesmo no momento da morte, se se concentra por inteiro nesse estado, obtém a Bem-aventurança perfeita, eterna.

Aqui termina o segundo capítulo, intitulado "Shankhya Yoga", dos Upanishades do sagrado Bhagavad Gita, o diálogo em que Sri Krishna e Arjuna debatem sobre o yoga e a ciência da realização em Deus.

Capítulo 3

1. Arjuna perguntou: "Ó Janardana (Krishna, o Divino Libertador), se (como parece), consideras a compreensão superior à ação, por que, ó Keshava, empurras-me para um ato tão terrível?"

2. "Essa aparente contradição me confunde. Dize-me claramente, peço-te: que caminho me conduzirá ao mais elevado bem?"

3. O Senhor do Universo disse: "Ó Tu que não tens pecado, no princípio da criação estabeleci dois meios pelos quais o homem poderia salvar-se. O primeiro, pela sabedoria; o outro, pela reta ação".

4. Não ação não é inação. Quem renuncia ao esforço (em nome da divina indiferença à atividade) não pode atingir a perfeição.

5. Ninguém pode permanecer inativo sequer por um momento; todos somos compelidos (pela Natureza), de bom ou mau grado, a agir motivados pelos gunas (as três qualidades) da Natureza.

6. Aquele que refreia seus órgãos da ação, mas deixa revolutearem na mente pensamentos voltados para objetos dos sentidos, é (com justeza) considerado hipócrita e a si mesmo se ilude.

7. Mas o êxito absoluto, ó Arjuna, espera aquele que disciplina seus sentidos por um esforço da mente, permanece no íntimo sem apegos e usa os órgãos da ação em atividades que nos lembram Deus.

8. Cumpre os atos que teu dever te impõe, pois a ação é melhor que a inação. Com efeito, se não agíssemos, nem sequer o ato de manter a vida em nosso corpo seria possível.

9. As ações empreendidas para fins egoístas estreitam os laços do karma. Por isso, ó Filho de Kunti (isto é, alheamento às paixões), cumpre teu dever sem a nada te apegares, num espírito de entrega religiosa.

10. Prajapati (Deus no papel de Criador) trouxe a humanidade à esfera das coisas manifestas e, assim fazendo, deu ao homem potencial para dedicar-se (por meio de yagya) a uma percepção superior (à humana). Afora esse dom, aconselhou aos homens: "O que quer que desejeis, buscai-o devolvendo, como oferta, energia à fonte de toda energia. Que esse sacrifício (yagya) seja vossa vaca leiteira de realização".

11. (Prajapati continuou): "Com essa oferta, comungai com os devas (anjos brilhantes) para que os devas possam comungar convosco. Graças a essa comunhão mútua, obtereis o mais elevado bem".

12. (Prajapati concluiu): "Pela comunhão com os devas, recebereis deles as realizações (terrenas) a que aspirais. Aquele que goza os dons dos deuses sem lhes ofertar em troca a devida (energia) é, em tudo e por tudo, um ladrão".

13. Pessoas espiritualmente conscientes, ao ofertar o alimento que consomem à sua fonte de energia divina (os devas), não incorrem em pecado. Mas aquelas que se furtam a essa oferenda (comendo apenas por gosto e prazer) estão alimentando o pecado.

14. Os homens se nutrem de alimentos; os alimentos crescem com a chuva; a chuva é sustentada pelo fogo (o calor do Sol, que faz a água evaporar-se) e o fogo é produzido pela vibração de AUM.

15. Fica sabendo que essa atividade vibratória divina foi gerada por Brahma, a força criadora do cosmo. Yagya, ou oferenda sacrificial do eu, fecha (finalmente) o grande círculo da manifestação cósmica.

16. Quem tenta escapar a esse grande círculo em movimento, vivendo no pecado e preferindo o gozo (egocentrado) dos sentidos, vive em vão.

17. Já não restam deveres para aquele cujo amor único é o Eu, que se deleita no Eu e, no Eu, repousa satisfeito.

18. Esse homem nada ganhará se agir no mundo e nada perderá se o fizer. Não é dependente de nada nem de ninguém (fora do Eu).

19. Portanto, cuida para te veres livre de apegos ao empreender quaisquer ações, físicas ou espirituais. Não agindo em interesse próprio, encontrarás o Ser Supremo.

20. Seguindo unicamente a vereda da reta ação, (Raja) Janaka e outros como ele (karmayogues) alcançaram a perfeição. Se queres orientar teus semelhantes, também tu deves ser ativo.

21. Tudo o que o ser superior faz, o ser inferior imita, estabelecendo assim um padrão de comportamento correto no mundo.

22. Ó Filho de Pritha (Arjuna), nenhum dever pesa mais sobre Mim. Não tenho mais etapas a vencer e nada, nos três mundos (material, astral e causal), Me resta alcançar. No entanto, ainda trabalho para a edificação dos outros. Onde quer que se faça essa boa obra, lá estou Eu.

23. Ó Partha (Arjuna), se eu deixasse de agir na criação apenas por um momento, os homens imitariam Minha inatividade.

24. Se eu deixasse de ser ativo na criação cósmica, o universo cessaria de existir. A confusão se instauraria e a humanidade seria arrastada para a ruína.

25. Ó Descendente de Bharata (Arjuna), assim como os tolos agem por apego ao ego, na esperança de recompensas, os sábios devem agir (ainda que a sabedoria os haja afastado da necessidade de qualquer ação) com desprendimento e serenidade, servindo alegremente de guias aos outros (no caminho da iluminação).

26. Não deve nunca o sábio condenar o ignorante quando este age por instigação do ego. Ao contrário, iluminado que é, deve limitar-se a convencer seus semelhantes a *preferir* a ação reta e justa.

27. A tendência universal à atividade emana dos três gunas ou qualidades da Natureza. O homem, porém, ludibriado pelo egoísmo, pensa: "Sou eu quem faz".

28. Ó Arjuna, aquele que compreende o funcionamento dos gunas na natureza humana e sabe, portanto, que (mesmo) os objetos captados pelos sentidos dependem do seu poder *interior* de percepção, recolhe a mente e rompe os vínculos com as coisas na própria fonte dessa percepção.

29. O homem perfeitamente sábio não deve desconcertar os ignorantes ostentando sua percepção superior da natureza da realidade. (Deve ter em mente que), iludidos pelos gunas, só lhes resta agir sob essa influência.

30. Oferece a Mim tudo o que fizeres. Despido de egoísmo e desejo, intimamente centrado na alma, (sempre) calmo e livre de preocupações, empenha-te na batalha da vida, como te compete.

31. Os devotos autênticos, que praticam Meus preceitos e (os ensinamentos verdadeiros de) outros, libertam-se de todo karma.

32. Aqueles, porém, que desdenham Minhas lições e se recusam a praticá-las, iludidos (pelo ego) quanto à natureza da sabedoria, fica sabendo que tais pessoas, em sua rejeição (devida à ignorância), estão cortejando o fracasso.

33. Mesmo o sábio age em consonância com os ditames de sua própria natureza. Todos os seres vivos obedecem às prescrições da Natureza. De que valeria a mera supressão?

34. A atração e a repulsão (pelos) objetos dos sentidos pertencem ao fluxo e refluxo naturais da dualidade. Toma o

mesmo cuidado com ambas, pois elas são o maior inimigo do homem!

35. Cumprir o próprio dever, mesmo sem sucesso, é melhor que cumprir com êxito o dever alheio. Mais vale morrer tentando realizar o que nos compete do que assumir as obrigações dos outros (sejam elas embora mais fáceis e seguras), pois esse caminho está semeado de perigos e incertezas.

36. Arjuna perguntou: Ó Krishna, dize-me o que nos impele, mesmo contra a vontade, a fazer o mal, como se (estivéssemos sendo) forçados a isso?

37. Krishna respondeu: O desejo e a cólera, atiçados por rajoguna. Fica sabendo que esses são os piores inimigos da humanidade.

38. Assim como o fogo é obscurecido pela fumaça, o espelho coberto pelo pó e o embrião envolvido pelo útero, assim o entendimento humano fica toldado pelas três qualidades.

39. Ó Filho de Kunti (Arjuna), o inimigo contumaz do sábio é a chama obstinada do desejo interior!

40. Sentidos, mente e intelecto passam por ser sua fortaleza. O desejo, insinuando-se neles, ludibria a alma encarnada e eclipsa sua sabedoria.

41. Por isso, ó Flor da Dinastia Bharata, começa por disciplinar os sentidos (retirando-lhes a energia e transferindo-a para a espinha) e em seguida destrói o desejo (expulsando-o do coração)! O desejo é o algoz pecaminoso da sabedoria e da realização de Si Mesmo.

42. Os sentidos, diz-se, são superiores ao corpo (pois veiculam a percepção); a mente é superior aos sentidos (internos e externos, pois ela é que percebe); o intelecto é superior à mente (pois compreende a coisa percebida); e o Eu é superior ao intelecto (uma vez que é, ao mesmo tempo, percepção e compreensão).

43. Ó Poderosamente Armado (Arjuna), depois de reconhecer a superioridade do Eu (interior divino) em relação ao intelecto, subjuga teu eu inferior (o ego) assumindo o Eu verdadeiro e (assim) derrota o inimigo que, revestido com a armadura do desejo, é sempre difícil de abater.

Aqui termina o terceiro capítulo, intitulado "Karma Yoga", dos Upanishades do sagrado Bhagavad Gita, o diálogo em que Sri Krishna e Arjuna debatem sobre o yoga e a ciência da realização em Deus.

Capítulo 4

1-2. O Senhor inefável disse a Arjuna: Presenteei este Yoga imperecível a Vivasvat (o deus-sol); Vivasvat transmitiu-o a Manu (o legislador hindu); Manu ensinou-o a Ikshvaku (fundador da dinastia solar dos Kshatriyas). Assim, na devida sucessão, ela chegou ao conhecimento dos Rajarishis (rishis reais ou sábios). Mas, com o longo passar do tempo, ó Destruidor de Inimigos (Arjuna), esse conhecimento do Yoga foi se perdendo na Terra.

3. Hoje te ensinei, Meu discípulo e amigo, a antiga ciência do Yoga, o segredo das supremas bênçãos para a humanidade.

4. Arjuna disse: Vivasvat viveu na mais remota antiguidade. Tu, porém, nasceste há pouco. Como encararei Tua declaração de que foste Tu quem primeiro ensinou o Yoga sagrado aos homens?

5. O Senhor Abençoado disse: Muitos foram os Meus nascimentos, muitos os teus. Lembro-me de todos os Meus, mas dos teus tu não te lembras.

6. Embora Eu (uma alma plenamente liberta) seja o Senhor de toda a criação e permaneça em Meu verdadeiro Eu — (sempre) imerso em Minha Natureza Cósmica —, alheio aos nascimentos, ainda assim assumo (de tempos em tempos) uma forma exterior por meio de Meu *yoga-maya*.

7-8. Ó Bharata (Arjuna), sempre que a virtude (dharma) decai e o vício (*adharma*) prospera, encarno-Me na Terra (como avatar)! Surgindo de tempos em tempos em forma visível, destruo o mal e restabeleço a virtude.

9. Ó Arjuna, aquele que intuitivamente capta a verdade de Minhas divinas manifestações e dos Meus feitos desinteressados neste universo vibratório nunca mais, após deixar o corpo (na morte), precisará encarnar sob forma exterior (moldada pelo ego). (Flutuando em liberdade), chegará até Mim.

10. Purificados pela sabedoria ascética, libertos do apego, do medo e da cólera, muitos se absorveram completamente em Mim e alcançaram (a unidade) Comigo.

11. Ó Partha (Arjuna), dou o que me pedem. Todos os homens, não importa o caminho escolhido, vêm até Mim.

12. Aqueles que porfiam em contentar seus desejos terrenos adoram os deuses (que são entidades sob várias formas, não ídolos!), cientes de que sucessos desse tipo podem ser alcançados com relativa facilidade.

13. A mescla dos três gunas (qualidades básicas) com os diversos karmas individuais produz as quatro castas. Embora Eu seja ativo na criação por meio dessas influências, fica

sabendo que (em Mim mesmo) nunca estou em ação e nunca mudo.

14. Embora agindo, não tenho apego nem espero um determinado resultado dessa atividade. Do mesmo modo, aquele que é um Comigo e se identifica com Minha natureza não se vê coagido pelo (mais leve) desejo de colher frutos da ação.

15. Compreendendo isso (a natureza da reta ação), os sábios agiram acertadamente desde os tempos mais remotos. Sê como eles (age sem desejar os frutos da ação).

16. Com efeito, que são a ação e a inação? Mesmo os sábios (podem ficar) confusos nesse ponto. Mas vou explicar a diferença e (munido desse conhecimento) tu te livrarás de todos os males.

17. É difícil conhecer a natureza da ação. Para compreendê-la, cumpre distinguir entre ação correta, ação errada e inação.

18. Verdadeiramente dotado de discernimento é o yogue que vê inação na ação e ação na inação. Tenhamo-lo por sábio entre os seres humanos, pois alcançou o objetivo de (toda) ação (e está livre).

19. Quem nunca age motivado por desejo pessoal e viu seu karma (que o prendia ao ego) incinerado no fogo da sabedoria, (só) esse deve ser tido por sábio.

20. O sábio, depois de livrar-se do apego aos frutos da ação, estar satisfeito e livre (no Eu), não age (de fato) ainda quando pareça extremamente ocupado.

21. Mesmo quando faz trabalho físico (em oposição ao trabalho de meditação), não incorre (em nenhuma limitação kármica) aquele que renunciou por completo ao sentimento de posse, que não alimenta desejos pessoais e que mantém sob o controle do Eu interior suas emoções (chitta).

22. Está livre do karma quem aceita tranquilamente o inesperado; tem ânimo firme e não se deixa afetar pela dualidade; não nutre inveja, ciúme ou animosidade; e (finalmente) vê com iguais olhos o sucesso e o fracasso.

23. Os efeitos todos do karma (ação) são anulados (na pessoa) e ela alcança a libertação quando se desprende do ego, quando se centra na sabedoria e quando oferece suas ações (em sacrifício) ao Infinito.

24. Aos olhos dessa pessoa, tanto o ato de se oferecer quanto o de oferecer em si são, igualmente, aspectos do Espírito único. O fogo (da sabedoria) e a pessoa que oferece são, ambos, Espírito. Ao constatar isso o yogue, livre da identificação do ego, vai diretamente para Brahman (Espírito).

25. Yogues há que fazem sacrifícios aos devas (divindades); outros veem o sacrifício (yagya) como uma entrega do eu ao fogo cósmico do Espírito.

26. Outros aspirantes espirituais oferecem seu poder interior da audição e demais sentidos ao fogo do autocontrole. E outros, ainda, oferecem tudo quanto ouvem ou captam pelos sentidos ao fogo da compreensão superior.

27. Alguns, guiados pelo discernimento, oferecem as atividades de seus sentidos e a energia nelas contida ao fogo do autocontrole. (Perguntam a si mesmos: "Quem está vendo?

Quem está ouvindo? Que força me motiva a experimentar essas sensações?")

28. Alguns entregam suas posses como oblações; outros, seus atos; uns poucos se concentram a fim de amealhar energia graças à meditação yóguica (entregando-a também como oblação); e há quem, rigidamente preso ao voto de autodomínio, consigna todos os seus pensamentos a Deus, pratica a introspecção e busca a sabedoria mediante o estudo das escrituras.

29. Uma das práticas do yoga consiste em insuflar o ar inspirado (*prana*) no ar expirado (*apana*) e o apana no prana; assim, graças à *pranayama* (controle da energia), a respiração se torna desnecessária.

30. Alguns, regulando o fluxo energético no corpo por uma alimentação adequada, oferecem todas as suas energias ao fogo desse fluxo (ascendente). Os aspirantes que mencionei compreendem o significado da entrega do Eu (yagya ou sacrifício), o fogo interior que consome todas as sementes do karma.

31. Ingerindo o "alimento abençoado" (prasad) que restar de qualquer desses rituais espirituais do fogo, a pessoa se aproximará de Brahman (o Espírito Infinito). Nem sequer as bênçãos mundanas chovem sobre aquele que nada dá de si. Como esperará, então, alcançar a felicidade num plano superior?

32. As muitas maneiras de ofertar o ego são especificadas nos Vedas (como que) pela "boca de Brahma". Conhecendo-lhes o verdadeiro propósito (entrega do Eu a valores superiores), tu te livrarás de todos os vínculos do karma.

33. A cerimônia interior pela qual o fogo espiritual aguça a percepção supera em muito, ó Flagelo do Inimigo (Arjuna), qualquer ato puramente exterior de oferenda do Eu. (Só) por meio dessa sabedoria se consumam todas as ações (karma).

34. Uma coisa deves entender (acima de tudo): pela entrega (da vontade própria aos sábios), pelo questionamento (interior e exterior) (junto aos sábios) e pelo serviço prestado (aos sábios), aqueles que chegaram à verdade (estarão aptos a) transmitir-te sua sabedoria.

35. Depois de absorver (plenamente) a sabedoria de um autêntico guru, nunca mais, ó Pandava (Arjuna), reincidirás na ilusão, pois abrangerás com um olhar toda a criação contida em teu Eu (expandido) e depois em Mim (que estou além de toda criação).

36. Mesmo o pior dos pecadores pode, na jangada da sabedoria, cruzar com segurança o oceano da ilusão.

37. Ó Arjuna, assim como o fogo consome a madeira até as cinzas, assim a chama da sabedoria reduz a cinzas todo o karma do homem.

38. Seguramente, nada há neste mundo que santifique tanto quanto a sabedoria. No devido tempo, todo devoto bem-sucedido em suas práticas perceberá, no próprio Eu, a verdade do que acabo de dizer.

39. O devoto imerso no infinito, com os sentidos sob controle, alcança a sabedoria e obtém aquilo que sabe, desde logo, ser a paz perfeita.

40. O ignorante, a pessoa a quem falta devoção, o homem movido pela dúvida: todos hão de perecer. Quem tem temperamento vacilante não encontra felicidade neste mundo ou no outro. Para ele, a beatitude suprema é impossível.

41. Ó Arjuna, Conquistador da (verdadeira) Riqueza! Aquele que dissolveu todo o seu karma na unidade com Deus e calou suas dúvidas com a sabedoria fica inteiramente na posse de si mesmo. (Livre do ego), não haverá mais ações que o embaracem.

42. Levanta-te, pois, ó Descendente de Bharata (Arjuna)! Levanta-te! Abriga-te no (saber científico profundo do) yoga. Faz (em pedaços), com a espada da sabedoria, a dúvida que remóis no coração quanto à natureza do Eu (e do que de fato és).

Aqui termina o quarto capítulo, intitulado "Gyana Yoga (União pelo Conhecimento do Divino)", dos Upanishades do sagrado Bhagavad Gita, o diálogo em que Sri Krishna e Arjuna debatem sobre o yoga e a ciência da realização em Deus.

Capítulo 5

1. Arjuna disse: Ó Krishna, falas em renunciar à ação, mas, ao mesmo tempo, a recomendas! Bem me agradaria saber ao certo qual desses dois é o melhor caminho.

2. O Senhor Abençoado respondeu: (Quando entendidas corretamente), tanto a ação quanto a não ação podem salvar. Das duas, porém, a reta ação é a melhor.

3. Ó Poderosamente Armado (Arjuna), só renunciou de fato ao mundo aquele que acha fácil desvencilhar-se de todos os vínculos — sem gostos, aversões ou apego à dualidade.

4. É o ignorante, não o sábio, que considera os caminhos da sabedoria (Shankhya) e do Yoga coisas diferentes. Quem está firme em qualquer dos dois beneficia-se de ambos.

5. O estado que se alcança por meio da sabedoria (Gyana Yoga, o caminho do discernimento conhecido como Shankhya) é o mesmo a que se chega pela ação (a ciência do yoga). Os dois caminhos levam a uma só e mesma realização.

6. Mas a renúncia, ó Poderosamente Armado (Arjuna), é difícil de alcançar sem a atividade unificadora de Deus (yoga).

Pela prática do yoga, o muni (cuja mente está absorvida em Deus) não tarda a unir-se por inteiro ao Absoluto.

7. Nenhum sinal (dos vínculos kármicos) permanece naquele que se purificou ao agir corretamente e, empenhado na divina comunhão (yoga), dissolveu seu ego (no infinito), triunfou sobre os sentidos e descobriu-se uma só coisa com o Eu de tudo.

8. Aquele que, em união com Deus, dominou a verdade, sabe bem: "Eu (próprio) não faço coisa alguma", embora veja, escute, toque, cheire, deguste, ande, durma, respire ...

9. ... fale, excrete, pegue (com as mãos), abra ou feche os olhos. Essa pessoa sabe, o tempo todo, que (tudo isso) são apenas os sentidos apreendendo objetos (sensoriais).

10. Assim como a flor do lótus é imune à água, assim o yogue que age sem a nada se prender, que ofereceu seu eu ao Divino, não é afetado pela experiência dos sentidos (sutil ou grosseira).

11. A fim de purificar o ego, os yogues se limitam a trabalhar *com* o corpo, a mente, o discernimento e os órgãos dos sentidos: (eles nunca) se prendem a nada disso.

12. O yogue que se uniu a Deus, indiferente já aos frutos da ação, alcança a paz interior inabalável. Mas a pessoa que não encaminha suas energias (para o alto), a fim de se unir a Deus, está subjugada pelo desejo. Presa aos frutos de seus atos, vive em servidão (perpétua).

13. Quando a alma encarnada controla os sentidos e, mentalmente, se abstém de toda atividade, permanece em beatitude (e segurança) na "cidade das nove portas" (o corpo

físico): não mais age nem obriga os outros (ou seus próprios sentidos externos) a agir.

14. Não é Deus, o soberano Eu, quem *cria* na humanidade a consciência de estar agindo neste mundo. Deus nem *força* os homens a agir nem os enreda nas consequências (kármicas) de seus atos. É *maya*, a ilusão cósmica, que age por intermédio deles.

15. Aquele Que Tudo Permeia não se ocupa dos pecados e virtudes das pessoas. A sabedoria (posto que estado natural de todo homem) foi eclipsada pela ilusão cósmica. Por isso a humanidade não mais consegue (distinguir entre o certo e o errado).

16. Mas naqueles que baniram a ignorância por meio da sabedoria o verdadeiro Eu brilha como um Sol radioso.

17. Com os pensamentos imersos no Um, com a alma ligada a Ele, com toda a sua devoção e lealdade absorvidas Nele, com o ser purgado dos venenos da ilusão pelo antídoto da sabedoria — essa alma (liberta) alcançará o estado de não retorno.

18. Almas assim contemplam com os mesmos olhos um sacerdote piedoso, uma vaca, um elefante, um cão e um pária.

19. Mesmo neste plano (terreno) da existência, os relativismos (nascimento, morte; prazer, dor) são superados por aquele que tudo vê com mente serena. Os homens capazes disso serão, verdadeiramente, entronizados no Espírito sem máculas ou distorções.

20. Esses sábios, confundidos com o Ser Supremo e dotados de agudo discernimento, nem se alegram com as experiências agradáveis nem se deprimem com os desgostos.

21. Nunca atraído pelo mundo dos sentidos (sutil ou grosseiro), o yogue vive na alegria sempre renovada de seu próprio ser. Unido ao Espírito, alcança a perfeição na Beatitude Absoluta.

22. Ó Filho de Kunti (Arjuna), uma vez que vêm de fora do Eu, os prazeres sensuais têm todos princípio e fim, trazendo apenas sofrimento. Ninguém que seja dotado de um mínimo de compreensão buscaria a felicidade neles.

23. É verdadeiramente yogue aquele que, enquanto vive na Terra e até seu derradeiro suspiro, consegue dominar todos os impulsos do desejo e da aversão. Só ele (entre os mortais) é um ser humano venturoso.

24. Apenas aquele que frui a beatitude íntima, que está firmemente concentrado no Eu interior e se banha na Luz interior (não dependendo de nada fora do Eu para alcançar a compreensão), obtém a libertação completa (ainda vivo e depois de morto).

25. Removidas as suas dúvidas (e hesitações), obliterados os seus karmas e subjugados os seus sentidos, (o sábio), deleitando-se unicamente com o bem dos semelhantes, emancipa-se no Espírito.

26. Aqueles que renunciaram ao mundo, que já não sentem desejo nem cólera, que controlaram a mente e se realizaram em Si Mesmos estão intimamente livres, quer vivam neste mundo ou já estejam imersos no Infinito.

28. O muni (aquele para quem a libertação é o único propósito da vida) controla seus sentidos, mente e intelecto, furtando-se ao contato com eles pela neutralização das correntes de prana e apana na espinha, as quais se manifestam (exteriormente) como inspiração e expiração pelas narinas. Ele fixa o olhar na fronte, no ponto entre as sobrancelhas (convertendo assim o fluxo dual da visão física num único olho espiritual onisciente). Esse homem se emancipa por completo.

29. Encontra a paz aquele que Me conhece como o Receptor de todas as oferendas (yagyas) e austeridades, como o Senhor Infinito da criação e como o Mais Caro Amigo.

Aqui termina o quinto capítulo, intitulado "Liberdade por Meio da Renúncia Interior", dos Upanishades do sagrado Bhagavad Gita, o diálogo em que Sri Krishna e Arjuna debatem sobre o yoga e a ciência da realização em Deus.

Capítulo 6

1. O Senhor Abençoado disse: O verdadeiro asceta e o verdadeiro yogue praticam as ações que o dever lhes impõe sem cobiçar seus frutos, à diferença daqueles que, sem fazer a oferenda do Eu, agem motivados pelo ego e daqueles que (em nome do ascetismo) se abstêm da ação.

2. Aprende, ó Pandava (Arjuna): aquilo que as escrituras chamam de *sannyasa* (renúncia) é o mesmo que yoga. De fato, sem renunciar aos motivos egoístas (*sankalpa*), ninguém pode ser um (verdadeiro) yogue.

3. O muni que aspira às culminâncias (espirituais) recorrendo ao meio (científico) da ação yóguica (karma) encontra a paz perfeita e sem vibrações ao atingir seu objetivo.

4. Aquele que se desprendeu não apenas dos objetos dos sentidos, mas também da atividade (sensorial), libertando-se de todos os projetos motivados pelo ego, é visto (pelos sábios) como alguém que alcançou *yogaruddha*: a inabalável união da alma com o Espírito.

5. Que o homem se alce por seu próprio esforço e nunca se avilte. Em verdade, seu eu é seu melhor amigo — ou (se o quiser) seu pior inimigo.

6. Naquele cujo eu (inferior, egoísta) foi vencido pelo Eu (superior, a alma), esse Eu é o amigo de seu eu (inferior). O verdadeiro Eu, porém, não se mostra amistoso para com o falso eu e é (de muitos modos) seu inimigo.

7. O sábio tranquilo, que venceu o eu (inferior, egoico), reside para sempre no Eu Supremo. Contempla com isenção todas as dualidades: frio e calor, prazer e sofrimento, elogio e censura.

8. O yogue bem-aventurado que se absorve na sabedoria do Eu está para sempre unido ao Espírito. Imutável, dono de seus sentidos, vê com olhos iguais um punhado de terra, uma rocha e uma barra de ouro.

9. Supremo yogue é aquele que não distingue entre patrões, amigos, inimigos, estranhos, pacificadores, agitadores, parentes, virtuosos e ímpios.

10. Livre das esperanças (engendradas pelo) desejo e imune à cobiça, com as (ondas de sentimento em seu) coração controladas (pela concentração yóguica), o yogue, retirando-se sozinho para o ermo, tenta unir seu pequenino eu ao Eu Supremo.

11. O yogue deve ter uma cadeira sólida, limpa, nem muito alta nem muito baixa. Cobrirá o assento com uma camada de capim *kusha*, depois com uma pele de gamo ou tigre, estendendo por cima de tudo uma manta (de lã e/ou seda).

12. Imóvel na cadeira, com a mente voltada para um único ponto, sem se dispersar mentalmente nem reagir aos estímulos dos sentidos, o yogue busca a autopurificação por meio da prática yóguica (recorrendo às técnicas prescritas por seu guru).

13. Mantendo a espinha, a cabeça e o pescoço firmemente eretos e imóveis, o yogue concentra o olhar, calmamente, no ponto de origem do nariz (*nasikagram*) entre as sobrancelhas, sem dali se desviar.

14. Sereno e intemerato, firme em seu voto de *brahmacharya* (controle sexual), a mente controlada e a atenção fixa em Mim, o yogue assentado deve meditar tendo-Me por alvo supremo (de seu esforço).

15. O yogue autocontrolado, que subjugou a mente, obtém a paz do nirvana supremo (o estado de extinção individual) na união com o Meu espírito.

16. Ó Arjuna, o Yoga não é para aqueles que comem em demasia ou se excedem no jejum, que dormem muito ou exageram na vigília.

17. Quem se mostra contido ao comer, recrear-se, trabalhar, dormir e permanecer em vigília conquista o yoga, que destrói todo o sofrimento.

18. Quando o chitta (sentimento) foi completamente serenado e centrado no Eu, o yogue, livre de vínculos e desejos, atinge o estado conhecido como união com Deus.

19. A chama da vela queima imperturbável, protegida dos ventos. Assim também a consciência do yogue que subjugou seus chitta (sentimentos).

20. O estado de completa tranquilidade interior, conseguido por meio da meditação yóguica, no qual o pequeno eu (o ego) se percebe como o Eu e a si mesmo se frui como Eu; —

21. estado em que a beatitude, que transcende os sentidos e é aceita como tal pela inteligência intuitiva, jamais pode ser eliminada —,

22. em suma, o estado que, uma vez alcançado, torna-se um tesouro maior que todos os outros: (só) nele o yogue se faz imune ao sofrimento, mesmo (em presença de) uma grande tragédia.

23. Esse estado é conhecido pelo nome de yoga, a condição que nenhuma dor afeta. A prática do yoga deve, portanto, ser seguida à risca, com coração indomável.

24. Renunciando *sem exceções* a todo anseio do eu; abstendo-se mentalmente de quaisquer envolvimentos sensoriais com o mundo;

25. acalmando pacientemente a inteligência intuitiva e absorvendo-se no Eu, o yogue, livre de todos os outros pensamentos, vai aos poucos conquistando a paz perfeita.

26. Toda vez que a mente volúvel e irrequieta desviar-se de seu curso, que o yogue a traga de volta e empreenda (a tarefa de) controlá-la.

27. O yogue que serenou por completo a mente, cujas paixões (rajoguna) estão em repouso e que está isento de impurezas: esse, verdadeiramente, alcança a unidade com o Espírito e a bênção suprema.

28. O yogue, isento de imperfeições, incansavelmente votado às (atividades que levam à) união divina, atinge com facilidade o estado de comunhão inefável com o Espírito.

29. Unido ao Espírito Supremo pela prática do yoga, vê seu Eu em todos os seres e todos os seres em seu Eu.

30. Aquele que vê a Mim em toda parte e todas as coisas em Mim, nunca Me perde de vista — nem Eu a ele.

31. Permanece para sempre concentrado em Mim, não importa como viva no mundo exterior, o yogue que Me vê no âmago de todos os seres.

32. Ó Arjuna, o melhor yogue é aquele que sente as necessidades de seus semelhantes, suas dores e alegrias, como se fossem as suas próprias.

33. Arjuna exclamou: Ó Madhusudana (Krishna), em consequência de minha inquietude, não obtive resultados duradouros na tentativa de serenar a mente, conforme me prescreveste.

34. Em verdade (continuou Arjuna), a mente é irrequieta, ruidosa, tremendamente obstinada! Ó Krishna, considero-a tão difícil de domar quanto aos ventos!

35. Ó Poderosamente Armado (Arjuna), a mente é por certo inquieta e rebelde, mas pode ser controlada pela prática do yoga e pelo exercício do desprendimento mental.

36. Eis Minha promessa: o yoga, embora a mente insubmissa ache difícil alcançá-lo, pode ser aprendido graças aos métodos adequados caso a pessoa deseje (sinceramente) obter o autocontrole.

37. Arjuna disse: Ó Krishna, que acontece àquele que não logra sucesso na prática do yoga e, tentando meditar com a maior dedicação, não consegue controlar a mente?

38. Não ficará como a nuvem esgarçada e dispersa, incapaz de encontrar Brahman e igualmente impossibilitado de voltar ao mundo da ilusão que rejeitou?

39. Ó Krishna, livra-me para sempre dessas dúvidas, peço-te! Quem, exceto Tu, poderá curar-me da incerteza?

40. O Senhor Abençoado respondeu: Ó Arjuna, Meu filho! Aquele que age bem *nunca* pode ser destruído! Neste ou em outro mundo, seu destino jamais será adverso.

41. O yogue malogrado (mas sincero) entra (após a morte) no mundo dos virtuosos. Ele (poderá) ficar ali por muitos anos. Depois, renascerá na Terra num lar próspero e feliz.

42. Por outro lado, voltando à Terra, pode reencarnar numa família de yogues iluminados. Mas tais nascimentos são muito raros.

43. (Em sua nova família) recupera o discernimento yóguico que outrora teve e põe-se com zelo ainda maior a buscar a libertação espiritual (final).

44. A força da prática anterior do yoga é suficiente para impelir o yogue renascido em seu caminho ascendente. Mesmo aquele que busca apenas uma compreensão teórica do yoga está mais avançado que aquele que se dedica aos ritos védicos (recomendados pelas escrituras).

45. Seguindo diligentemente o caminho (que escolheu) e, assim, livrando-se de todos os pecados (débitos kármicos), o

yogue atinge a perfeição após muitos nascimentos e entra, por fim, na Beatitude Suprema.

46. O yogue é superior aos ascetas que (buscam a perfeição espiritual por meio da) disciplina do corpo e superior até àqueles que palmilham a senda da sabedoria (Gyana Yoga) ou da ação (Karma Yoga). Arjuna, sê um yogue!

47. Aquele que, prenhe de fé e amor, se absorve inteiramente em Mim, a esse considero melhor aparelhado para encetar Meu caminho rumo à perfeição.

Aqui termina o sexto capítulo, intitulado "Dhyana Yoga (União pela Meditação)", dos Upanishades do sagrado Bhagavad Gita, o diálogo em que Sri Krishna e Arjuna debatem sobre o yoga e a ciência da realização em Deus.

Capítulo 7

1. O Senhor Abençoado disse: Ó Partha (Arjuna), ouve agora como, se seguires o caminho do yoga e te absorveres em Minha consciência, abrigando-te (inteiramente) em Mim, lograrás Me compreender tal qual sou (tanto em Meu infinito e inamovível Eu quanto em Meus atributos e poderes exteriores). (Conhecendo-Me assim), transcenderás quaisquer possibilidades de dúvida.

2. Vou desvelar para ti, em sua inteireza, a verdade — como teoria e como experiência intuitivamente realizada. (Munido dessa compreensão), nada mais terás que aprender no mundo.

3. Entre milhares de homens, dificilmente um só empenha-se em obter a perfeição espiritual; e entre os abençoados que Me buscam, dificilmente um só (dentre milhares) Me percebe tal qual sou.

4. Terra, água, fogo, ar, éter, percepção mental (*manas*), discernimento (*buddhi*) e autoconsciência causativa (*ahankara*):

essas são as Oito Divisões de Minha natureza manifesta (Prakriti).

5. Tal é Minha natureza inferior (Aparaprakriti). Procura entender agora, ó Poderosamente Armado (Arjuna), que Minha natureza superior (Para-Prakriti), sustenta a alma (jiva), isto é, a consciência individualizada, e também o princípio vital do universo.

6. Todos os seres, (tanto) puros (quanto) impuros, nasceram da dupla Prakriti. Só (Eu) crio e dissolvo o universo (inteiro).

7. Ó Arjuna, não há nada acima de Mim nem além de Mim! Por todas as coisas, como pelas gemas de um colar, corre o fio de Minha consciência unificadora!

8. Ó Filho de Kunti (a qualidade do desprendimento), Eu sou a fluidez das águas; Eu sou a luz da Lua e do Sol; Eu sou o pranaba (AUM) dos (ensinamentos dos) Vedas; Eu sou (o ruído "silencioso" do som cósmico) no éter (as vibrações sutis do espaço); Eu sou a humanidade no homem.

9. Eu sou a fragrância salutar da terra; Eu sou o esplendor do fogo; Eu sou a vida de todas as criaturas; Eu sou a austeridade nos ascetas santos.

10. Fica sabendo, ó Filho de Pritha (Arjuna), que Eu sou a semente de todas as criaturas! Sou a inteligência no discernimento, a glória nos gloriosos.

11. Entre os poderosos, ó Flor dos Bharatas (Arjuna), Eu sou o poder sem ambição pessoal e apegos! Eu sou o desejo sexual (*kama*) que, nos homens, brota do cultivo do dharma (probidade).

12. Todas as manifestações de sattwa (aquilo que eleva), rajas (aquilo que ativa) e tamas (aquilo que ensombrece) emanam de Mim. Existem em Mim embora Eu não apareça nelas.

13. Iludidos pelas três qualidades (gunas) da Natureza, os mortais não Me percebem, a Mim que sou imutável e para além de tudo o que qualifica.

14. Com efeito, é difícil despertar de Minha hipnose cósmica, identificada com os três gunas (qualidades) de *maya*. Só aqueles que se abrigam em Mim conseguem se libertar do poder cativante da ilusão.

15. Os malfeitores (nos quais predomina *tamas*), seres humanos degradados, tolos e faltos de entendimento devido (ao poder de) *maya*, não buscam refúgio em Mim e partilham a natureza dos demônios.

16. Aqueles que procuram abrigo em Mim, ó Arjuna, são de quatro tipos: os infelizes; os ansiosos por sabedoria; os ávidos de poder (neste ou em outro mundo) e os (já) perfeitamente sábios.

17. Preclaro entre os sábios é aquele cuja devoção não esmorece e não se desgarra. Eu sou o que há de mais caro a esse sábio e ele, entre todos os seres, é o que mais me apraz.

18. Todos os homens dos (quatro tipos virtuosos) acima são nobres (pois voltam sua consciência para o alto). Mas o sábio que, inabalável, viu seu objetivo supremo em Mim, a esse considero Meu próprio Eu.

19. Depois de inúmeras encarnações, o sábio Me conhece em Minha verdadeira natureza. Uma pessoa tão iluminada que

Me veja permeando todas as coisas é rara (e difícil) de encontrar.

20. Mas aqueles que preferem (seguir) sua própria vontade (rejeitando o caminho da comunhão íntima com Deus), cujo tirocínio foi viciado por um ou outro desejo e que (talvez) se sintam atraídos por rituais, esses buscam deuses menores.

21. Não importa a forma sob a qual a pessoa adore (um santo, um mestre, uma divindade — reais ou imaginários), sou Eu quem (eleva seu coração), dando firmeza e autenticidade à sua fé.

22. Absorvida em sua devoção, fiel ao culto dessa forma, ela tira daí proveito espiritual autêntico e tem seus desejos (preces) atendidos. As bênçãos que recebe provêm apenas de Mim.

23. Todavia, os homens de parco entendimento (ao limitar seu culto aos deuses menores) obtêm também resultados parcos. Os devotos dos deuses inferiores vão para esses deuses. Os que Me reverenciam (o Infinito) vêm a Mim.

24. Os homens de pouca sabedoria imaginam que Eu, o Não manifesto, sou limitado (quando apareço) em forma corpórea. Não atinam com Minha natureza superior: imutável, inefável, suprema.

25. Oculto por Meu véu de *yoga-maya*, sou invisível à humanidade. Esta, enganada então (pelas aparências), não percebe que Eu (em essência) nunca nasci e nunca morrerei.

26. Ó Arjuna, conheço o passado, o presente e o futuro de todos os seres. A Mim, porém, nenhum homem (enquanto apenas homem) me conhece.

27. Ó Prole de Bharata, Destruidor de Inimigos (Arjuna)! O nascimento num corpo sujeita as criaturas ao poder da ilusão com suas dualidades, que atraem e repelem. (Tal é a tempestade de *maya* na superfície do oceano de Minha consciência.)

28. Mas os homens virtuosos, uma vez expiadas suas faltas e não mais sujeitos aos opostos da dualidade, reverenciam-Me com firmeza de ânimo.

29. Aqueles que, apegando-se a Mim, buscam o alívio (dos achaques) da velhice e (da inelutabilidade) da morte tornam-se os verdadeiros conhecedores de Brahman (o Absoluto), do *Adhyatma* (o Eu Supremo) e de todos os segredos do karma.

30. Os que percebem Minha presença em seus corpos físico (*Adhibhuta*), astral (*Adhidaiva*) e espiritual (*Adhiyagya* ou causal) e Me entregam seus corações continuam lúcidos mesmo na hora da morte.

Aqui termina o sétimo capítulo, intitulado "O Yoga do Conhecimento e do Discernimento", dos Upanishades do sagrado Bhagavad Gita, o diálogo em que Sri Krishna e Arjuna debatem sobre o yoga e a ciência da realização em Deus.

Capítulo 8

1. Arjuna disse: Ó Flor dos Purushas (Krishna), dize-me o que é Brahman (Espírito)! Que é Adhyatma (o Kutastha Chaitanya subjacente a todas as manifestações e individualizado nas almas de todas as criaturas)? Que é Karma (ação, cósmica e individual, nascida do AUM)? Que é Adhibhuta (a consciência imanente às criaturas físicas e ao cosmo material)? E que é Adhidaiva (a consciência manifesta no cosmo e nos corpos astrais)?

2. Ó Exterminador do (demônio) Madhu (Krishna), que é Adhiyagya (o Supremo Espírito da criação e da cognição)? De que maneira Adhiyagya (a entrega voluntária da alma) é possível neste corpo? Como, enfim, no instante da morte, o homem autodisciplinado Te conhecerá?

3. O Senhor Abençoado respondeu: Brahman é o Espírito Supremo e Indestrutível. Adhyatma é a manifestação de Brahman como alma essencial de todos os seres. O Karma Cósmico é AUM (a Vibração Cósmica), que provoca o nascimento, a manutenção e a dissolução de todas as criaturas, respondendo também pela diversidade de suas naturezas.

4. Ó Supremo entre os Encarnados (Arjuna)! Adhibutha é a base da existência física; Adhidaiva é a base da existência astral; e Eu (o Espírito manifestado em ideia, tanto macro quanto microcosmicamente) sou Adhiyagya.

5. Aquele que, na hora da morte, pensa unicamente em Mim, sem dúvida mergulha em Meu Ser.

6. Ó Filho de Kunti (Arjuna), o pensamento que dominar a mente da pessoa na hora da morte determinará seu próximo estado de existência!

7. Portanto, lembra-te de Mim (durante a vida) e trava a batalha (da reta ação)! Entrega-Me tua mente e teu entendimento. Assim agindo, virás sem dúvida para junto de Mim.

8. Alcança a Suprema Refulgência, ó Partha (Arjuna), aquele que, com a mente firmemente voltada para Mim (graças a uma longa prática), só em Mim deposita seus pensamentos.

9-10. O yogue, no instante da morte, atinge o estado de suprema refulgência se, com amor profundo e concentração intensa graças à prática do yoga, consegue filtrar sua energia consciente através do Kutastha, entre as sobrancelhas (a sede do olho espiritual); e se mantém sua atenção inabalavelmente presa àquele Ser que, para além das ilusões da luz e da treva, brilha como o Sol — e tem forma mais sutil que o menor dos átomos, sendo o Sustentáculo Supremo de toda (existência) e o grande Regente (de tudo), eterno e onisciente.

11. Agora, em breves palavras, vou comunicar-te essa verdade e a maneira de alcançá-la, que videntes védicos declaram Imutável e os sannyasis (ascetas) obtêm ao dissipar seus apegos por meio de uma vida de autodisciplina, na qual transcendem todas as paixões.

12-13. Alcança a meta suprema aquele que cerra as portas (aberturas) do corpo, enclausura a mente (receptiva) no centro do coração, canaliza toda a sua força vital para o cérebro e entrega-se por inteiro à prática do yoga. Esse homem, ligado a AUM — a Palavra Santa de Brahman —, consegue lembrar-se de Mim no momento final de sua saída do corpo.

14. Ó Partha (Arjuna)! Chega a Mim, com facilidade, o yogue de coração indiviso (cujos sentimentos são elevados e não se dispersam) que a toda hora Me preserva em sua consciência e só em Mim, continuamente, se concentra.

15. As grandes almas que Me amam e (por amor de Mim) se mesclam ao Meu espírito alcançam o êxito supremo (o único pelo qual vale a pena lutar). Não mais precisarão regressar a este mundo efêmero, repleto de dores.

16. Quem vive em qualquer mundo, do mais elevado ao mais inferior, está sujeito ao renascimento. (Somente) se penetrar em Minha consciência conseguirá desvencilhar-se (dos laços kármicos).

17. Só sabe realmente o que é "dia" e "noite" quem percebe o Dia de Brahma (o qual dura mil *mahayugas*) e a Noite de Brahma (a qual dura outras mil *mahayugas*).

18. Ao fim do Dia de Brahma, toda a criação se manifesta novamente, emergindo de seu estado (noturno) de não manifestação: ao iniciar-se a Noite de Brahma, toda a criação mergulha de novo em seu estado anterior não manifesto.

19. Vezes sem conta, ó Filho de Pritha (Arjuna), as mesmas pessoas voltam à Terra para renascer. (O ciclo da) reencarnação, para elas, só se encerra temporariamente, com a descida da Noite de Brahma. Isso é novamente retomado ao alvorecer do Dia de Brahma.

20. Para além do estado de não manifestação (conhecido como a Noite de Brahma), estende-se o Absoluto Não manifestado, para sempre imutável e para sempre imune aos ciclos recorrentes da criação.

21. O (acima dito) "Absoluto Não manifesto, para sempre Imutável" é (o que os sábios chamam de) Espírito Supremo. (Somente) os que o atingem pelo próprio esforço se livram de uma vez por todas do renascimento obrigatório.

22. Ó Arjuna, a devoção sincera é o que eleva a criatura humana a esse estado de não manifestação absoluta. O Espírito Onipresente, de consciência eterna, é o repositório (final) de todas (as coisas e todos os) seres.

23. Agora te revelarei, ó Flor dos Bharatas (Arjuna), os dois caminhos abertos às almas que partem: um é o caminho do yogue, conducente à liberdade (eterna); o outro, o caminho do renascimento.

24. Fogo, luz, dia, a metade brilhante do mês lunar, os seis meses do curso setentrional do Sol: seguindo essa vereda

logo após a morte, os conhecedores de Brahman vão para Brahman.

25. Névoa, noite, a metade escura do mês lunar, os seis meses do curso austral do Sol: seguindo essa vereda logo após a morte, os homens só se embebem na luz da Lua e regressam à Terra.

26. Essas duas portas de saída (do corpo) são alternativas sempiternas: a senda da luz leva à liberdade; a senda da treva, ao renascimento.

27. Nenhum yogue autêntico, ciente da existência desses dois caminhos opostos, pode se enganar (e seguir a vereda descendente). Por isso, ó Arjuna, mantém-te sempre firme no (estado) do yoga!

28. Aquele que conhece (o segredo desses) dois caminhos está além dos méritos (com seus frutos de bom karma) alcançados graças ao estudo das escrituras ou da prática formal de yagyas, austeridades ou esmolas. Esse yogue remonta à Origem Suprema (de seu eu).

Aqui termina o oitavo capítulo, intitulado "União com o Espírito Absoluto", dos Upanishades do sagrado Bhagavad Gita, o diálogo em que Sri Krishna e Arjuna debatem sobre o yoga e a ciência da realização em Deus.

Capítulo 9

1. O Senhor Abençoado disse: "A ti, que venceste o espírito de contradição, revelarei agora o sublime mistério (a natureza imanente e transcendental de Deus). Munido dessa sabedoria (intuitiva), ficarás a coberto de todos os males".

2. (O caminho para) essa realização é a ciência das ciências, o (segredo dos) segredos, a essência de todo dharma (reta ação). Graças a métodos yóguicos fáceis de aplicar, esse caminho enseja a percepção direta da verdade.

3. Homens sem fé (e mesmo interesse) nesse dharma, (buscando realização em outra parte), não chegam até Mim, ó Vencedor de Inimigos (Arjuna)! Repetidas vezes, encetam o caminho do *samsara* (ilusão) e da mortalidade.

4. Eu, o (eternamente) Não manifesto, permeio o universo inteiro. Todas as criaturas residem em Mim, mas Eu não resido nelas.

5. Contempla o Meu divino mistério! Os seres não parecem existir em Mim, nem Eu neles: mas sou seu único Criador e Mantenedor!

6. Pensa, pois, da seguinte maneira: assim como o ar se move pelo espaço, mas não é espaço, assim todas as criaturas nascem de Mim, mas não são o que sou.
7. No final de um ciclo (*kalpa*), ó Filho de Kunti (Arjuna), todos os seres retornam ao estado não manifesto de Minha Natureza Cósmica. No início do próximo grande ciclo, Eu de novo os projeto de Mim.
8. Reanimando vezes sem conta minha própria emanação, Prakriti, produzo de novo, repetidamente, a grande hoste das criaturas, todas sujeitas à Natureza e às suas leis finitas.
9. Essas atividades não Me limitam, ó Conquistador da Fortuna (Arjuna), pois permaneço para sempre desapegado delas!
10. Ó Filho de Kunti (Arjuna)! Minha essência difusa é que permite à Mãe Natureza dar nascença tanto ao animado quanto ao inanimado. Somente pelo Meu poder (por meio de Prakriti) (todos) os mundos giram.
11. O ignorante, esquecendo-se de Minha natureza transcendente, embora (Eu seja) o Criador de tudo, permanece cego também para Minha presença dentro (dele mesmo).
12. Alheios a todas as questões (que realmente importam), só com olhos para aspirações, realizações e pensamentos vãos, os seres humanos (feitos para um propósito maior) acabam por partilhar a natureza dos monstros e demônios.
13. As grandes almas, porém, exprimindo em sua natureza as qualidades superiores da divindade, apenas reverenciam a Mim, a Fonte Imperecível de todas as formas de vida.

14. Eternamente absorvidas em Mim, prosternando-se a Meus pés com desvelo, firmes em sua aspiração superior, cultuam-Me com (incessante) adoração.

15. Também os seres menos evoluídos, oferecendo-se a Mim com claro discernimento, percebem-Me como o primeiro de todos e o Um (dos muitos).

16. Eu sou o ritual de sacrifício; sou o próprio sacrifício; sou as oblações ofertadas aos ancestrais; sou a erva (medicinal); sou os mantras sagrados; sou a *ghee* (manteiga clarificada, oferecida nas cerimônias do culto); e (sou também) o fogo (e) o ato em si da oferenda.

17. Sou, deste mundo, Pai, Mãe, Ancestral, Mantenedor; sou Aquele que sacrifica; sou o Objeto de todo Conhecimento; sou o AUM Cósmico; sou a tradição dos três Vedas (*Rig*, *Yajur* e *Sama*).*

18. Sou a Meta Suprema, o Sustentáculo, o Senhor, a Testemunha, a Morada, o Refúgio, o Amigo Único. Sou a Origem, a Dissolução, o Alicerce, o Repositório Cósmico e a Semente Imperecível.

19. Envio o calor; mando ou retenho a chuva. Sou a Imortalidade e a mortalidade. Sou tanto o Ser quanto o Não ser (*Sat* e *Asat*).

20. Aqueles que praticam os rituais védicos (ou outros), purificando-se nos ritos *Sama*, ou Me reverenciando por meio das yagyas prescritas, fazendo (tudo isso) com vistas ao paraíso, alcançam-no. Podem, com efeito, adentrar o rei-

---

* O quarto Veda, *Atharva*, foi acrescentado mais tarde.

no de Indra (senhor dos deuses), onde fruem os prazeres do céu.

21. Depois de gozar essas regiões inefáveis por algum tempo, esgotados os méritos que adquiriram (e que os levaram para lá), retornam à Terra. Fiéis aos regulamentos da escritura em seu desejo de recompensas celestes, repetem (infindavelmente) o ciclo de subida e descida.

22. Daqueles que, ao meditar, tomam-Me por sua própria essência, com (o coração) perenemente unido a Mim graças ao culto (interior) incansável, supro as deficiências e torno permanentes os ganhos.

23. Ó Filho de Kunti (Arjuna), mesmo os devotos de outros deuses, se lhes sacrificam com fé, estão na verdade reverenciando a Mim só, embora de maneira inadequada!

24. Pois só Eu sou o Senhor que usufrui de todos os sacrifícios. Mas aqueles (que Me adoram nos aspectos inferiores) não Me percebem em Minha verdadeira natureza e por isso fracassam.

25. Quem reverencia os deuses vai para junto dos deuses; quem reverencia os ancestrais vai para a morada dos ancestrais; quem reverencia os espíritos da natureza aproxima-se dos espíritos da natureza; mas quem é Meu devoto vem até Mim.

26. Qualquer coisa que alguém, com intenção pura, Me ofereça, (mesmo) uma folha, uma flor, um fruto ou um pouco de água (derramada ou mantida num frasco), Eu a aceito (como símbolo de seu amor).

27. O que quer que faças sem paixão, Arjuna — comer, cultuar, dar esmolas ou praticar austeridades (autodisciplina) —, dedica a Mim esse ato em oferenda.

28. Assim, nada do que fizeres suscitará bom ou mau karma. Firmemente preso a Mim pela renúncia de ti mesmo, a Mim virás após alcançar a liberdade.

29. Sou imparcial para com todos. Ninguém Me é (especialmente) caro ou odioso. Mas aqueles que me entregam o amor de seus corações estão em Mim e Eu neles.

30. Mesmo um malfeitor, se (em seu coração) repelir tudo o mais e só a Mim reverenciar, será contado, por causa dessa resolução, entre os bons.

31. (Ele) logo se tornará virtuoso e obterá paz duradoura. Ó Filho de Kunti (Arjuna), toma isto por certo: Meu devoto jamais se perde!

32. Abrigando-se em Mim, todos poderão conquistar a Realização Suprema — quer sejam impuros de nascimento, mulheres (as conservadoras tradicionais dos valores familiares e, portanto, do *samsara*), vaishyas ou shudras humildes.

33. Portanto, é muito fácil para os (verdadeiros) Brahmins, que conhecem Deus, e para os *Rajarishis* (Kshatriyas legítimos, cujo único desejo consiste em servir sempre a Deus) chegar até Mim. Ó vós que habitais este mundo passageiro e repassado de misérias, adorai apenas a Mim!

34. Fixai-vos em Mim! Sede Meus devotos! Em perene reverência, curvai-vos diante de Mim! Então, tornados um Comigo e sabendo-Me vosso objetivo maior, sereis (para sempre) verdadeiramente Meus!

Aqui termina o nono capítulo, intitulado "O Senhor Supremo de Tudo", dos Upanishades do sagrado Bhagavad Gita, o diálogo em que Sri Krishna e Arjuna debatem sobre o yoga e a ciência da realização em Deus.

Capítulo 10

1. O Senhor Abençoado disse: Ó Poderosamente Armado (Arjuna), ouve agora minha exortação final! Falando por teu supremo bem, dir-te-ei mais coisas, pois Me tens ouvido com alegria.

2. Nem a multidão dos deuses (anjos) nem os grandes sábios (em sua condição humana) conhecem-Me no estado não manifesto. Eu sou sua Fonte e Origem.

3. Aquele que, no entanto, Me perceber não nascido e sem princípio, bem como (mesmo agora) o Senhor da Criação, terá vencido a ilusão e estará isento de pecado embora permaneça num corpo humano.

4-5. Discernimento, sabedoria, lucidez tranquila, capacidade de perdoar, sinceridade, controle dos sentidos, paz interior, alegria, tristeza, nascimento, morte, medo, coragem, pacifismo, equanimidade, serenidade, autodisciplina, caridade, fama, notoriedade: tais estados, por diversos que sejam, derivam de Meu Eu único. São modificações de Minha natureza (essencial).

6. Os sete grandes *rishis*, os Quatro Patriarcas e os (catorze) Manus são todos modificações de Minha natureza, nascidos de Meu pensamento (projetado) e dotados de poderes (criadores) como os Meus. Desses (progenitores) surgiram todas as formas de vida da Terra.

7. Aquele que capta a verdade de Minhas múltiplas manifestações, reconhecendo o poder criador e destruidor de Meu divino yoga, está para sempre unido a Mim.

8. Eu sou a fonte de tudo. De Mim toda a criação emerge. Percebendo essa verdade, o sábio, maravilhado, Me reverencia.

9. Com seus pensamentos voltados para Mim, seus seres a Mim entregues, iluminando-se uns aos outros e falando a Meu respeito, estão sempre contentes e cheios de alegria.

10. Com aqueles que se prendem unicamente a Mim e Me reverenciam com amor, partilho a sabedoria lúcida graças à qual chegam em definitivo até Mim.

11. Por pura compaixão (isto é, em virtude do dom desprendido do amor, sem laivos de coerção), Eu, o Um Divino que reside em todas as coisas, acendi em seus (corações) a lâmpada fulgurante da sabedoria, que afasta as trevas de sua ignorância.

12. Arjuna (em atitude de adoração) clamou: Ó Senhor, tu és o Supremo Espírito, o Supremo Abrigo, a Suprema Pureza, o Um, o Ser Automanifestado, o Sem-causa, o Eterno, o Onipresente!

13. Isso declaram todos os sábios — o divino vidente Narada, Asila, Devala, Byasa e Tu Mesmo, Krishna.

14. (Ainda Arjuna:) Ó Keshava (Krishna)! Tomo por verdade eterna tudo o que me revelaste. Nem deuses nem demônios (podem) conhecer Tuas (múltiplas) manifestações.

15. Ó Criatura Suprema (prossegue Arjuna), Origem dos Seres, Senhor de todas as Criaturas, Deus dos Deuses, Amparo do Mundo! Só Tu conheces a Ti mesmo.

16. Descreve-me em minúcia quais os poderes supremos pelos quais, sendo onipresente, sustentas o universo.

17. Ó Maior dos Yogues (Krishna), como meditarei sobre Ti, como Te conhecerei tal qual és? Sob que formas e aspectos Te captarei mais acuradamente?

18. Ó Janardana (Krishna), fala-me em profundidade de Teus poderes yóguicos e de Tuas manifestações, pois jamais me canso de ouvir Tuas palavras que são como néctar!

19. O Senhor Abençoado respondeu: Ó Flor dos Príncipes (Arjuna), falar-te-ei de bom grado sobre algumas de minhas manifestações — mas apenas das mais proeminentes, pois Minha variedade é infinita.

20. Ó Gudakesha (Vencedor do Sono — Arjuna), Eu sou o verdadeiro Eu que mora no coração de todas as criaturas. Sou o começo, a continuação e o fim de sua existência.

21. Entre os *Adityas* (deuses védicos), sou Vishnu; entre as luminárias (do céu), sou o Sol; entre os deuses do vento, sou Marichi (a mais benéfica das brisas) e entre os fachos (noturnos), sou a Lua.

22. Entre os Vedas, sou *Sama* Veda (por causa de sua beleza musical); entre os deuses, sou Indra; entre os sentidos, sou a Mente (que percebe); nas criaturas, sou a inteligência.

23. Entre as Rudras (forças inteligentes da vida) sou Shankara (a inteligência que as anima); entre os Yakshas e Rakshasas (símbolos astrais do desejo humano) sou Kubera (o deus da riqueza); entre os Vasus (impulsos revitalizantes) sou Pavaka (Agni, deus do fogo); entre os picos montanhosos sou Meru.

24. Entre os sacerdotes, ó Filho de Pritha (Arjuna), sou Brihaspati (guru dos deuses); entre os generais, sou Skanda (Kartikeya, deus da guerra); entre os corpos aquosos, sou o oceano.

25. Entre os grandes rishis, sou Bhrigu; entre as palavras, sou a sílaba AUM; entre os yagyas (rituais sagrados), sou *japa-yagya* (cântico silencioso e supraconsciente); entre as coisas imóveis, sou o Himalaia.

26. Entre as árvores, sou Ashvatta; entre os videntes divinos, sou Narada; entre os Ghandharvas (deuses da música), sou Chitraratha; entre os seres perfeitos, sou Kapila (o intérprete de Shankhya).

27. Entre os cavalos, sou Ucchaisravas, nascido do néctar; entre os elefantes, sou Airavata (o elefante branco de Indra); entre os homens, sou um monarca.

28. Entre as armas, sou o raio; entre as vacas, sou Kamadhuk (a que satisfaz os desejos); no sexo, sou a procriação; entre as serpentes, sou Vasuki.

29. Entre as serpentes Naga, sou Ananta (infinito); entre os seres aquáticos, sou Varuna; entre os ancestrais, sou Aryama; entre os que preservam a lei e a ordem, sou Yama.

30. Entre os Daityas, sou Prahlad; entre as medidas, sou o Tempo; entre os animais, sou seu rei (o leão); entre os pássaros, sou Garuda ("senhor dos céus"; na simbologia clássica, o veículo de Vishnu).

31. Entre os purificadores, sou o vento; entre os que empunham armas, sou Rama; entre as criaturas da água, sou Makara (veículo do deus do oceano); entre os rios, sou o Jahnavi (o Ganges, o mais sagrado dos rios).

32. De todas as manifestações, ó Arjuna, sou o começo, o meio e o fim; entre os vários ramos do conhecimento, sou a sabedoria do Eu; durante os debates, sou o raciocínio lúcido.

33. Entre as letras, sou a primeira do alfabeto; entre os compostos, sou a liga; no tempo, sou o imutável; na criação, sou o Onipresente que sempre volta a face em todas as direções.

34. Sou a Morte que tudo dissolve; sou o Nascimento; sou a origem das coisas por vir; entre as manifestações femininas (as qualidades de Prakriti ou Mãe Natureza), sou a fama, o sucesso, o poder esclarecedor da fala, a memória, o tirocínio intuitivo, a lealdade inabalável e a paciência.

35. Entre os hinos, sou *Brihat-Saman*; entre os metros poéticos, sou Gayatri; entre os meses, sou Margashirsha (o mês auspicioso do inverno); entre as estações, sou Kusumakara, a que traz as flores (primavera).

36. Entre os jogadores, sou o jogador; dos gloriosos, sou a glória; para os que buscam vencer, sou a vitória; entre os bons, sou Sattwa (a qualidade edificante).

37. Entre os Vrishnis, sou Vasudeva (Krishna); entre os Pandavas, sou tu mesmo (Dhananjaya ou Arjuna); entre os munis (santos), sou Byasa; entre os sábios, sou Ushanas.

38. Sou a vara da disciplina; sou a estratégia dos vitoriosos; sou o silêncio das coisas ocultas; dos conhecedores, sou a sabedoria.

39. O que quer que constitua a semente reprodutora de todos os seres, isso sou eu. Nada, Arjuna, que se mova ou fique parado existe sem Mim.

40. Ó Vencedor de Inimigos (Arjuna), as manifestações de Meus atributos divinos não têm limites! Essa pequena lista não as esgota.

41. Quando vires um ser dotado de força, prosperidade ou glória, fica sabendo que esse dom é apenas uma fagulha de Meu revérbero.

42. Mas que necessidade tens, Arjuna, de tantos detalhes? Basta saberes isto: Eu, o Imutável e Eterno, permeio e sustento o universo inteiro com um simples fragmento de Meu ser essencial.

Aqui termina o décimo capítulo, intitulado "Do Oculto ao Manifesto", dos Upanishades do sagrado Bhagavad Gita, o diálogo em que Sri Krishna e Arjuna debatem sobre o yoga e a ciência da realização em Deus.

Capítulo 11

1. Arjuna disse: Em Sua compaixão, revelaste-me a sabedoria secreta do Eu e, com isso, baniste a minha ilusão.

2. Ó Olhos de Lótus (Krishna), discorreste longamente sobre o começo e o fim de todos os seres, realçando Tua eterna soberania!

3. Ó Supremo! Tu Te revelaste a mim e tomei por verdadeiro tudo o que disseste. No entanto, ó Purushottama, anseio por ver-Te, com os meus próprios olhos, em Tua forma infinita!

4. Ó Mestre, Senhor dos Yogues! Se me consideras preparado, revela-me Teu Eu Infinito!

5. O Senhor Abençoado disse: "Contempla, ó Filho de Pritha (Arjuna), Minhas centenas e milhares de formas — multicoloridas e multifárias!

6. Vê os Adityas, os Vasus, os Rudras, os gêmeos Aswins, os Maruts e as muitas maravilhas até agora ignotas!

7. Neste instante, observa, ó Gudakesha (Vencedor do Sono, Arjuna), como se unem em Meu Corpo Cósmico todos os

mundos, tudo o que se move ou carece de movimento e tudo o mais que queiras observar.

8. Não poderias, entretanto, ver-Me com olhos mortais. Por isso te concedo agora a visão divina. Contempla então Meu supremo poder yóguico!

9. (A Dhritarashtra) Sanjaya disse: "Com essas palavras Hari (Krishna), o excelso Senhor do Yoga, revelou a Arjuna sua forma Divina, Superior.*

10-11. Arjuna contemplou a Divindade Suprema, infinita na variedade, unidirecional na radiância, onipresente — como se, por toda parte, adornada com vestes celestiais, guirlandas e joias; de armas divinas (poderes celestes) em punho (como que prontas para golpear); perfumada com essências raras, olhos e faces voltados para todos os quadrantes!

12. Se milhares de sóis aparecessem juntos no céu, seu brilho só palidamente imitaria o esplendor desse Ser inefável.

13. Graças (à nova visão), pôde Arjuna observar o vasto universo com suas divisões infinitas, todas fundidas em uma só coisa, sob a forma do Deus dos deuses.

14. Então Dhananjaya (Arjuna), cheio de admiração, com os pelos dos braços eriçados, uniu as mãos em atitude de reverência e, curvando a cabeça perante o Senhor, exclamou em êxtase:

---

* Ofereço aqui — solicitando a indulgência e o perdão do leitor — uma paráfrase bem livre, pois considero mais importante transmitir sentimentos de admiração e majestade do que preservar as palavras exatas do original (mesmo as da tradução do meu guru). Muitos livros trazem traduções literais. Sempre senti a necessidade de algo mais poético, dito em linguagem contemporânea.

15-31. Grandioso Senhor, adorado dos deuses!
Sob Tua forma cósmica descortino
O vasto universo dos seres,
Santos e sábios divinos
Embrenhados em remotas cavernas,
Sua natureza de serpente (Kundalini),
Outrora virulenta, hoje domada,
Soerguida pelo amor na vara do despertar.
Senhor Brahma, Deus dos deuses,
Sentado sobre a cabeça de cada sábio,
No trono refulgente que é o lótus de mil raios!

Ó Senhor de todos os mundos, em Teu corpo cósmico
Vejo-Te por toda parte e em tudo!
Inumeráveis corpos, rostos e olhos revelam Tua energia!
Inescrutáveis para mim são Tuas origens,
Teus reinos, Teus fins.
Ó Fulgor! Ó Luz Esmagadora!
A glória de Teu nome está em toda parte —
Assim nos cantos escuros como no universo!

Eis-Te coroado de estrelas,
Empunhando o cetro do poder soberano
Com o disco de Teus vórtices rodopiantes de luz
Refulgindo, iluminando, eletrizando tudo!

Brahman Supremo, Imortal,
Descanso final das formas criadas,
Guardião da lei eterna: trono da máxima sabedoria,
Teu brilho essencial protege Teus devotos dos males
E dá guarida a todos os seres,
Chamando-os para despertarem em Ti.

Ó Soberano Único, todos os seres da Terra
E os deuses astrais, em êxtase e de mãos postas,
Te reverenciam. De cabeça baixa, penetram em
Teu templo cósmico
Para oferecer-Te seu amor e sua devoção profunda:
Com hinos que sobem à abóbada estrelada do céu,
Adoram a Ti e a Ti somente.
As luzes do céu — sóis incandescentes, "lâmpadas da
consciência" —,
Sábios, eremitas, imperadores de mando benigno,
Nobres arautos de Tua paz,
Os fortes, os poderosos, os cúpidos e os ambiciosos
Se curvam maravilhados perante Teu trono radiante
Ou, amedrontados, se prostram a Teus pés,
Vencidos, suas vidas insignificantes
Consumidas em Teu fogo cósmico.

Contemplo-Te! Teus pés palmilham todas as terras,
Teus membros incontáveis se agitam pelo espaço.
Tuas bocas devoram, Teus olhos rebrilham,
Teus cabelos se espalham impetuosamente pelo céu,
Ó Tu, Luz jubilosa, esmagadora, obnubilante!
Diante de Ti, tremo de receio!
Egos, karmas, desejos, ambições, vitórias:
Tudo corre para Ti a fim de imergir em Tua beatitude
Ou se esboroa em pó desprezível.
Assim os rios tempestuosos de vidas inumeráveis
Fluem com ímpeto cego para o Teu mar.
As mariposas, atraídas pela chama, nela perecem:
Sucede o mesmo às vidas humanas, atraídas pela ambição,
Sempre esperançosas, mas sempre votadas ao fracasso,
Pois a névoa da paixão encobre para elas a verdade.

Quem és Tu, Senhor? Qual é a Tua vontade cósmica?
Que pretendes?
Para que foi feito tudo isso?

32-34. O Senhor Abençoado disse:
Eu sou *Kala*: sou o Tempo.
Vim sob a roupagem do Destino Inelutável.
Domino; destruo.
Ainda que não lutasses, Arjuna,

Os inimigos que aí vês em Kurukshetra

Pereceriam esmagados por Minha vontade poderosa.

Em verdade, já os eliminei há muito tempo:

Tu és apenas Meu instrumento,

Teu destino é cumprir Minha vontade.

Não preciso de ti: tu sim, Arjuna,

Precisas de Mim!

Conheço o passado, o presente e o futuro de todos

os homens.

Faze a guerra por Mim se queres obter

Vida eterna, vitória e bem-aventurança!

35. Sanjaya disse: Arjuna, de mãos postas, trêmulo de medo, prostrou-se diante de Krishna e clamou:

36. Ó Krishna, bem se rejubila o mundo em Tua glória! Os demônios, aterrados, buscam em vão refúgio de Tua cólera. As hostes de seres perfeitos submetem-se em adoração autêntica.

37. Ah, como não renderiam homenagem a Ti, Senhor Excelso? És maior que Brahma, que tudo criou! Ó Ser Infinito, Deus dos deuses, Abrigo do universo — Tu és o Imperecível, o Manifesto e o Oculto, o Mistério Insondável!

38. Tu és o Primeiro dos Deuses, a Criatura Original, o Refúgio do Mundo. Só Tu conheces o que pode ser conhecido. Tu és o Supremo Objetivo. Tu permeias o universo com Tua forma infinita!

39. Tu és Vayu (o vento). Tu és Yama (o destruidor, o deus da morte). Tu és Agni (deus do fogo). Tu és Varuna (o deus do mar). Tu és Sasanka (a Lua) e Prajapati (o antepassado de tudo). Salve, mil vezes salve! Salve para todo o sempre!

40. Sê honrado na frente, atrás e em toda parte. Sem limites no poder e sem peias na força, Tu estás em tudo e, portanto, *és* tudo!

41. Peço-Te perdão, ó Senhor Infinito, por minhas leviandades, se Te faltei ao respeito chamando-Te de "Amigo", "Companheiro", "Krishna", "Yadava" (vínculo familiar de Krishna com Arjuna), embora por trás desse descuido houvesse afeição.

42. Peço-Te perdão, ó Senhor Inabalável, pela irreverência que possa ter exibido diante de Ti ao comer, descansar, caminhar, sentar-me Contigo a sós ou em companhia de outrem — tudo isso foram deslizes involuntários.

43. És o pai de tudo: do animado e do inanimado. Só Tu, ó Sublime Guru, és digno de culto! Sem igual nos três mundos, quem Te poderá superar, ó Senhor de Incomparável Poder?

44. Por isso, ó Infinitamente Adorável, ponho-me com humildade a Teus pés e imploro Teu perdão. Como de pai para filho, de amigo para amigo ou de amante para amante, perdoa-me, Senhor bem-amado!

45. Felicíssimo estou com essa visão cósmica, por ter visto o que nunca se vira antes. No entanto, confesso-o, minha mente não está livre do terror. Tem piedade de mim, Senhor

dos deuses e Amparo dos mundos! Mostra-Te de novo em Tua forma (humana, limitada).

46. Anseio por ver-Te, ó Krishna, na forma que é mais familiar a todos: como Vishnu de quatro braços, ostentando o diadema, o cetro e o disco. Ó senhor de mil braços, aparece-me agora na forma conhecida, para tranquilidade geral.

47. O Senhor Abençoado disse: Por Minha graça, exercendo Meu poder yóguico, revelei-te — e a nenhum outro — esta Minha forma Suprema: radiante, infinita!

48. Nenhum homem mortal — exceto tu, grande herói da dinastia Kuru! — contemplou jamais Minha forma universal. Nem por sacrifícios, obras de caridade, feitos dignos ou piedoso estudo dos Vedas pode semelhante visão ser alcançada.

49. Não te assustes nem fiques perplexo ante este aspecto absolutamente impessoal de Meu ser. Acalma-te; alegra-te do fundo do coração e vê-Me sob essa forma tranquilizadora (em termos humanos).

50. Sanjaya disse: Tendo assim falado a Arjuna, Vasudeva (Krishna) reapareceu a seu discípulo em forma humana, para tranquilizá-lo.

51. Arjuna disse: Ó Dispensador de todas as bênçãos (Krishna)! Vendo-Te de novo sob a forma humana que amo, minha mente se acalma e de novo me sinto tal qual sou.

52. O Senhor Abençoado disse: Bem difícil é ter, como tiveste, a visão do universo divino. Mesmo os deuses anseiam por isso.

53-54. Tal revelação não é obtida, entretanto, por penitências ou fidelidade à escritura, nem sequer por caridade ou culto formal. Ó Destruidor de Inimigos (Arjuna), só pela devoção inabalável, desenvolvida graças à prática continuada do yoga, é possível contemplar-Me e tornar-se um Comigo, como fizeste, em Minha forma cósmica.

55. Aquele que só a Mim serve, que de Mim faz seu único objetivo, que com amor Me entrega todos os pensamentos do "eu", que renuncia a todos os apegos e (vendo-Me em tudo) não alimenta ódio a ninguém — esse, ó Arjuna, penetra na amplidão de Meu ser!

Aqui termina o décimo primeiro capítulo, intitulado "A Visão Divina", dos Upanishades do sagrado Bhagavad Gita, no qual Sri Krishna e Arjuna debatem sobre o yoga e a ciência da realização em Deus.

Capítulo 12

1. Arjuna disse: Entre os que Te adoram com intensa devoção e os que se concentram no Absoluto, quem é mais versado na ciência do yoga?

2. O Senhor Abençoado respondeu: Aqueles que, com a mente fixa em Mim, estão sempre a Mim unidos pela pura devoção, são decerto os mais versados no yoga.

3-4. Aqueles, porém, que aspiram ao Indestrutível, ao Indescritível, ao Não manifesto, ao Onipresente, ao Incompreensível, ao Imutável em meio a todas as vibrações, que dominaram os sentidos, serenaram a mente e buscam a felicidade dos semelhantes — em verdade, também eles chegam até Mim.

5. Aqueles que veem no Não manifesto seu objetivo primordial tornam mais difícil para si mesmos a jornada. Sim, ela é bem árdua para os encarnados.

6-7. Resgato do oceano da mortalidade os devotos que apenas a Mim veneram, ofertando-Me todos os seus atos, mantendo a mente concentrada em Mim pela prática do yoga e os sentimentos mais profundos erguidos para Mim em devoção.

8. Mergulha tua consciência em Mim somente; usa de todo o teu discernimento para só a Mim encontrar. Assim, sem sombra de dúvida, Me encontrarás.

9. Ó Dhananjaya (Arjuna), se não podes abismar teus pensamentos na contemplação do que sou, pratica então as técnicas do yoga, elaboradas justamente para ajudar as pessoas a desenvolver a concentração.

10. Se, entretanto, achares muito difícil a prática do yoga, pratica todos os teus atos com o pensamento voltado para Mim. Também por esse meio vencerás.

11. Se, porém, em plena atividade não conseguires pensar em Mim, dá-Me em lugar disso tuas *intenções*. Sempre procurando disciplinar a mente, oferece-Me os frutos de todos os teus labores.

12. Perseverar na busca do autoconhecimento e querer (sinceramente) vivenciá-lo por intermédio da meditação é melhor que possuir sabedoria teórica. Além disso, oferecer-Me os frutos da ação é melhor que meditar unilateralmente, embora com frequência. A ação, aliada à renúncia de seus frutos, traz a serenidade interior que torna possível a meditação profunda.

13-14. Aquele que não odeia ninguém, mostra-se gentil e amigável para com todos, não tem consciência do "eu" e do "meu", permanece tranquilo no sofrimento e no prazer, perdoa aos semelhantes, frui o contentamento interior, dedica-se com afinco às práticas de meditação (do yoga), sabe se controlar, tenta sinceramente (por meio das práticas yóguicas) unir sua alma a Mim, tem determinação e dispõe-se a entregar-Me a mente e o tirocínio — esse Me é caro.

15. Aquele que não perturba os outros e não é por eles perturbado, que nunca se exalta com nada, nunca se mostra ciumento, medroso ou aborrecido — esse Me é caro.

16. Aquele que está livre de expectativas mundanas, tem a mente pura, não hesita em agir, não sucumbe às circunstâncias e não é motivado pelo ego — esse, Meu (verdadeiro) devoto, Me é caro.

17. Aquele que não se rejubila na ventura nem se lamenta na desgraça, nada considerando bom ou mau e devotando-se unicamente a Mim — esse Me é caro.

18-19. Aquele que trata amigos e inimigos da mesma maneira; que encara com serenidade a honra ou a desonra; que, calmamente e sem apegos, aceita o frio e o calor, o prazer e a dor; que é o mesmo frente ao elogio ou à censura; que, por dentro, está sempre tranquilo e satisfeito; que não se prende a nenhum domicílio e preserva a devoção — esse Me é caro.

20. Mas aquele que, prenhe de devoção, persegue o dharma imortal que descrevi e está sempre Comigo — a esse, prezo mais que todos.

Aqui termina o décimo segundo capítulo, intitulado "O Caminho do Bhakti Yoga", dos Upanishades do sagrado Bhagavad Gita, o diálogo em que Sri Krishna e Arjuna debatem sobre o yoga e a ciência da realização em Deus.

Capítulo 13

Preâmbulo

Arjuna disse: "Ó Keshava (Krishna), anseio por desvendar (o mistério) de Prakriti e Purusha (Mãe Natureza inteligente e Deus transcendente, o Pai); de *kshetra* (o corpo) e *kshetragya* (o que percebe); do conhecimento e seu objeto (o conhecido)".

1. O Senhor Abençoado replicou: Ó Filho de Kunti (Arjuna), aqueles que conhecem a verdade percebem este corpo (humano) como kshetra (o "campo" onde se colhem o bom e o mau karma) e, como kshetragya, o conhecedor do campo (a alma).

2. Toma-Me também, ó Bharata (Arjuna), pelo Conhecedor silencioso (aquele que percebe) em todos os kshetras (corpos emanados do princípio cósmico criador e da Natureza). Grande sabedoria é compreender o kshetra, o campo, e sua relação com o kshetragya, aquele que percebe esse campo.

3-4. Aprende agora um pouco sobre o campo, seus atributos, seu princípio de causa e efeito, suas influências distorcidas. Aprende também o que Ele (o kshetragya) é, e qual a natureza de Seus poderes — verdades que foram ensinadas por sábios de muitas maneiras: nos cânticos dos Vedas e nos aforismos percucientes e conclusivos do *Brahmasutra*.

5-6. Em linhas gerais (segundo a escritura), os *kshetras* são compostos da Natureza diferenciada e indiferenciada: a primeira são os "elementos" grosseiros (terra, água, fogo, ar, éter), os dez sentidos (os cinco órgãos do conhecimento — ouvidos, pele, olhos, nariz e língua — e os cinco "objetos" sensoriais — audição, tato, visão, olfato e paladar), os cinco órgãos da ação (mãos, pés, boca, ânus e genitais), a mente sensório-perceptiva, o intelecto, a consciência egoica, as distorções de chitta (atração/repulsão, prazer/dor), o corpo em si, a consciência e a persistência.

7. A verdadeira luz propiciada pela sabedoria revela-se nas seguintes qualidades: humildade, despretensão, pacifismo, capacidade de perdoar, integridade, dedicação ao guru, pureza (de mente e corpo), estabilidade, autocontrole;

8. alheamento aos objetos dos sentidos, indiferença ao próprio eu, percepção dos sofrimentos e males inerentes ao nascimento, doença, velhice e morte;

9. desapego, não identificação do ego com filhos, esposa, lar (e tudo o mais que daí decorre), igual aceitação da felicidade e do infortúnio;

10. devoção inabalável a Mim e identidade Comigo pela prática do yoga; amor à solidão; desinteresse pela sociedade mundana;

11. e perseverança na busca do autoconhecimento, ânsia de sabedoria autêntica, que é a meta de todo aprendizado. As qualidades que se opõem a essas virtudes são sinais de ignorância.

12. Vou te explicar agora que tipo de conhecimento deves perseguir: o verdadeiro, o que confere imortalidade. Ouve (o que tenho a dizer) sobre Brahman, o Supremo, o Sem-começo, Aquele de Quem não se pode dizer que exista ou não exista (porquanto a existência implica o vir-a-ser).

13. Ele, porém, permanece onipresente no universo e a tudo permeia: cabeças, olhos, ouvidos, faces e o que mais seja;

14. brilha em todas as faculdades sensoriais, mas transcende-as; sustenta tudo e a nada se prende; está acima dos (três) gunas (qualidades), mas vivencia (tudo) por meio deles;

15. acha-se dentro e fora de todas as coisas que existem, animadas e inanimadas; é "o mais próximo dos próximos", mas tão sutil que chega a ser imperceptível.

16. Ele, o Um Indivisível, surge dividido em seres incontáveis — mantendo e depois destruindo-lhes as formas para em seguida renová-las.

17. É a Luz das luzes, que anula as trevas, e a soma dos conhecimentos (passíveis de obter ou apenas sonhados). Está eternamente instalado no coração de todos os seres.

18. Descrevi, em breves palavras, o campo (kshetra), bem como a natureza e o objeto da sabedoria. Munidos dessas luzes, Meus devotos chegam a Mim.

19. Fica sabendo que tanto Purusha quanto Prakriti não têm começo. E, ainda, que todas as modificações e qualidades (gunas) da Natureza nasceram de Prakriti.

20. Causas e efeitos materiais são obra de Prakriti. Alegria e tristeza (a experiência mental desses efeitos) são obra de Purusha (a alma) no homem.

21. Purusha, atuando por meio de Prakriti, e a alma, agindo por intermédio do corpo: ambos vivenciam (impessoalmente) os gunas, fruto da Natureza. O *apego* aos gunas é que força os homens a voltar (à Terra) em ventres bons ou maus.

22. O Espírito Supremo, que em cada corpo se manifesta como alma, é uma testemunha imparcial. (Por meio da consciência do homem), faz as vezes do conselheiro que, embora aceite tudo, oferece orientação quando lha pedem. A alma é o Preservador que experimenta (sem reagir com mostras de prazer ou dor) o Grande Senhor e o Eu Supremo.

23. Não importa o seu modo de vida, aquele que (uma vez esclarecido) compreende a relação entre o Espírito (também sua alma individual) e a Natureza (além, no nível individual, do corpo), com seus três gunas, ainda que se entregue às atividades do mundo exterior não precisará renascer de novo.

24. Para contemplar o Eu no eu (o ego purificado) por meio do eu (a mente esclarecida), alguns aspirantes seguem o caminho da meditação, outros o do conhecimento e outros ainda o da atividade desprendida (serviço).

25. Alguns homens, ignorantes desses três caminhos, atentam para as instruções de seu guru; acolhem o que ele diz como seu supremo refúgio, reverenciam a verdade e, assim, cruzam (o rio) da morte.

26. Ó Flor dos Bharatas (Arjuna), fica sabendo que as coisas existentes nasceram da união de kshetra (Natureza e corpo) e kshetragya (Espírito e alma).

27. Vê com clareza aquele que sabe estar o Senhor Supremo presente de modo igual em todas as coisas, perecíveis ou imperecíveis.

28. Quem contempla a Presença Divina em toda parte não mais é prejudicado pela ignorância. (Assim), alcança a Meta Suprema.

29. Vê com nitidez aquele que considera todas as ações um produto da Natureza (Prakriti) e não do Eu (que está acima da criação).

30. Depois de expandir a consciência (e a compaixão) para nela incluir todos os seres vivos, (o yogue) vê todos os seres no Um e se dissolve em Brahman.

31. Arjuna, o Eu Supremo, não tendo começo nem atributos apesar de ocupar um corpo (como mestre realizado), não age nem é afetado por nenhuma ação.

32. Assim como o éter sutil, que tudo permeia, não é afetado (pelo que se move nele), assim o Eu, embora se espalhe pelo corpo inteiro, não lhe sofre a pressão.

33. Ó Bharata (Arjuna), assim como o Sol brilha sobre o mundo inteiro, o Senhor do Campo (Deus e Seu reflexo como alma) ilumina o corpo todo (da Natureza e do homem).

34. Vai para junto do Supremo aquele que percebe, com o olho da sabedoria, a distinção entre o kshetra e o kshetragya, logrando entender como os seres podem libertar-se do (envolvimento com) Prakriti.

Aqui termina o décimo terceiro capítulo, intitulado "O Campo de Batalha", dos Upanishades do sagrado Bhagavad Gita, o diálogo em que Sri Krishna e Arjuna debatem sobre o yoga e a ciência da realização em Deus.

Capítulo 14

1. O Senhor Abençoado disse: Vou explicar-te outra vez a sabedoria suprema, superior a todo conhecimento, por cujo intermédio os sábios alcançaram após a morte a Perfeição Final.

2. Os que dominam essa sabedoria e passam a residir em Mim nunca mais renascem, nem mesmo quando a criação se manifesta de novo, e não são perturbados quando chega o tempo de Pralaya (dissolução cósmica).

3. A grande Prakriti é Meu ventre, no qual implanto a semente animada que gera todas as formas de vida.

4. Ó Filho de Kunti (Arjuna), qualquer que seja a forma saída de um ventre, seu (verdadeiro) ventre (e fonte cósmica) é o da Grande Prakriti e eu sou o Pai que forneceu a semente.

5. Ó Poderosamente Armado (Arjuna), o que liga a alma imortal ao corpo são os três gunas, trazidos à manifestação por Prakriti!

6. Ó Imaculado (Arjuna), desses gunas, a qualidade pura de sattwa confere saúde e compreensão, mas (ainda) mantém

o corpo subjugado por induzir o homem a apegar-se à felicidade e ao conhecimento (intelectual).

7. Fica sabendo que (a qualidade de) rajas está imbuída de paixão. Ela ativa desejos e apegos fortes, atando a pessoa ao corpo graças às expectativas ardentes que suscita nela, em decorrência de sua inquietude.

8. Ó Bharata (Arjuna)! Aprende que a qualidade (obscurecedora) de tamas produz a ignorância (espiritual). Esta ilude a mente e torna as pessoas ociosas, descuidadas e por demais propensas ao sono subconsciente.

9. Sattwa prende o homem à felicidade; rajas, à atividade e tamas, embotando o discernimento (que engendra a "consciência de solução"), submerge-o em dificuldades.

10. Em algumas pessoas, sattwa predomina, mantendo em obediência rajas e tamas; em outras, rajas prevalece; e em outras ainda, tamas sufoca tanto sattwa quanto rajas.

11. Quando a luz do discernimento atravessa todas as portas dos sentidos, fica óbvio que sattwa predomina nessa pessoa.

12. Quando o homem dá mostras de inveja, inquietude e motivação egoísta, rajas predomina em sua natureza.

13. Quando a consciência de alguém é embotada, ociosa, negligente ou inclinada a tudo interpretar de maneira errada, tamas predomina em sua natureza.

14. Aquele que, por ocasião da morte, está sob o jugo de sattwa, sobe às esferas onde moram os conhecedores da verdade.

15. A pessoa em quem predomina rajas por ocasião da morte renasce entre aquelas cujo ego se apega fortemente à atividade. Mas o homem que, na morte, é permeado por tamas renasce no ventre de alguém que está mergulhado na ilusão (e numa família, ambiente e circunstâncias objetivas que promovem a ilusão).

16. Dizem (os sábios) que os frutos da ação sáttwica são a pureza e a harmonia (de coração e mente); os da ação rajásica são a dor e o sofrimento; e os da ação tamásica são as diversas manifestações da ignorância espiritual (embotamento mental, indolência, estupidez e incapacidade de enfrentar as dificuldades da vida).

17. A sabedoria brota de sattwa; a cobiça e a avareza, de rajas; e (a treva da) ignorância (espiritual), de tamas.

18. Quem se apoia em sattwa sobe; quem está mergulhado em rajas permanece nas regiões do meio; quem se afundou em tamas desce para os centros espinais inferiores.

19. O vidente que não vislumbra no universo outro elemento ativo senão os três gunas (ou seja, que considera a ação humana motivada pelos gunas e não pela escolha individual) e sabe que (a consciência imóvel) é superior a elas, esse adere ao Meu ser.

20. Depois de transcender as três qualidades da Natureza, causa da encarnação, o homem se livra da angústia provocada pelo nascimento, velhice e morte, para em seguida alcançar a imortalidade.

21. Arjuna perguntou: Que sinais distinguem aquele que transcendeu os três gunas? De que maneira se comporta? Por que meios revela sua transcendência?

22. O Senhor Abençoado respondeu: Ó Pandava (Arjuna), ele nem apetece nem desdenha as manifestações dos gunas, seja isso iluminação, atividade incessante ou ignorância crassa;

23. despreocupado, indiferente (a toda expressão das qualidades), vendo-as ativas no universo inteiro, permanece sereno e concentrado no Eu.

24. Nunca afetado (pessoalmente) nem pela alegria nem pela dor, elogio ou censura, valorizando de igual modo o barro, a pedra e o ouro, pouco se lhe dá que os outros o tratem bem ou mal.

25. Alheio ao galardão e à desonra, tratando por igual o amigo e o inimigo, livre de ambições pessoais: eis a marca daquele que transcendeu as (três) qualidades da Natureza.

26. O homem que Me serve com amor e devoção inabaláveis transcende os gunas e capacita-se a ser (um com) Brahman.

27. Pois Eu sou o alicerce de tudo quanto há: o Brahman Imperecível em Quem residem a Lei eterna e a Bem-aventurança sem fim.

Aqui termina o décimo quarto capítulo, intitulado "Como Transcender os Três Gunas", dos Upanishades do sagrado Bhagavad Gita, o diálogo em que Sri Krishna e Arjuna debatem sobre o yoga e a ciência da realização em Deus.

Capítulo 15

1. O Senhor Abençoado disse: Eles (os sábios) falam da árvore Ashvatta imperecível, que tem as raízes em cima e os galhos embaixo. Suas folhas são os hinos védicos. Quem entende essa árvore da vida entende também (o significado dos) Vedas.

2. Seus galhos estendem-se para baixo e para cima, alimentados pelos gunas. Seus botões são os objetos dos sentidos. Pequeninas raízes também se entranham no mundo dos homens, impelindo-os à ação.

3-4. A verdadeira natureza dessa árvore — seu começo, seu fim, sua continuidade — escapa ao entendimento dos homens comuns. O sábio, depois de cortá-la pela raiz com o machado do desapego, pensa: "Busco refúgio unicamente na essência primeva de Purusha, de onde provém toda a criação (não à sombra de uma árvore qualquer)". Ele anseia pelo Objetivo Supremo, de onde não precisará retornar.

5. Atingem o objetivo eterno aqueles que não cobiçam honrarias humanas, que, depois de romper os laços do apego,

ficaram livres da vaidade e não se deixam mais impressionar por pares de opostos como prazer e sofrimento, tendo já se estabelecido firmemente no Eu interior.

6. Onde não brilham nem o Sol, nem a Lua nem a chama do fogo, ergue-se a Minha morada; os que lá chegam ultrapassaram o nascimento e a morte.

7. Uma parte eterna de Mim, manifestando-se como alma vivente no mundo da humanidade, atrai para si os seis sentidos, inclusive a mente, que estão todos em Prakriti.

8. Quando o Senhor da jiva (a alma individualizada) escolhe um corpo, insufla-lhe a mente e os sentidos. Ao deixar esse corpo, leva os sentidos e a mente consigo, dispersando-Se como o perfume das flores carregado pelo vento.

9. Conserva, pois, e utiliza os sentidos da visão, audição, olfato, paladar e tato.

10. Sua partida do corpo, como Sua chegada, nunca é percebida pelo ignorante (que só vê o *efeito* de sua presença: o próprio corpo). Apenas o olho da sabedoria O percebe (tal qual é).

11. Os yogues que lutam pela libertação observam Sua realidade em si mesmos; mas aqueles que, mesmo lutando, não purificaram (o coração) e não têm disciplina, nunca O veem.

12. A luz do Sol, que ilumina o mundo, a da Lua e a do fogo — fica sabendo que sua radiância provém unicamente de Mim.

13. Permeando o mundo com Minha refulgência, amparo todos os seres; por intermédio da Lua úmida, alimento todas as plantas.

14. Sou a chama da vida em todas as criaturas vivas. Só Eu Me manifesto como prana e apana, só Eu digiro seu alimento.

15. De Mim, presente no coração de todos os seres, brota a memória e o conhecimento, como também sua perda. Sou, nos Vedas, a Meta do saber. Também sou seu Autor e Aquele que os conhece.

16. Dois seres (purushas) existem no cosmo: o destrutível e o indestrutível. As criaturas são o destrutível. O Kutastha Chaitanya é o indestrutível.

17. Mas também existe o Eu Supremo que, permeando os três mundos (os planos causal, astral e físico), é o seu Preservador.

18. Eu (o Senhor Supremo) estou além do perecível (Prakriti) e acima do Imperecível (Kutastha Chaitanya). Por isso, nos (três) mundos e no Veda (que reflete a percepção intuitiva perfeita), sou proclamado Purushottama, o Ser Absoluto.

19. Aquele que, livre da ilusão, Me conhece como o Espírito Supremo, conhece tudo (que possa ser conhecido), ó Descendente de Bharata (Arjuna)! Ele Me reverencia com todo o seu ser.

20. Eis, pois, que te ensinei a mais profunda das sabedorias, ó Imaculado! Quem a compreende se torna um mestre, pois cumpriu todos os seus deveres, (ainda que) continue a agir escrupulosamente (neste mundo).

Aqui termina o décimo quinto capítulo, intitulado "O Yoga da Criatura Superior", dos Upanishades do sagrado Bhagavad Gita, o diálogo em que Sri Krishna e Arjuna debatem sobre o yoga e a ciência da realização em Deus.

Capítulo 16

1. O Senhor Abençoado disse: Coragem; pureza de coração; perseverança (na aquisição da sabedoria e na prática da meditação); caridade (sáttwica); comedimento; execução dos ritos sagrados (auto-oferenda simbólica a Deus e aos devas); homenagem aos santos e *agnihotra* (lançamento de oferendas ao fogo sagrado); estudo das escrituras; autodisciplina; retidão;
2. pacifismo; autenticidade; repúdio à cólera; renúncia; tranquilidade; indulgência; bondade para com todos; ausência de ganância; gentileza; modéstia (não chamar a atenção para si mesmo); firmeza de propósito;
3. radiância de caráter; capacidade de perdoar; fortaleza de ânimo; limpeza; ausência de malícia; simplicidade. Essas qualidades, ó Descendente de Bharata (Arjuna), são os dons daquele que se inclina para o Divino.
4. Vanglória, arrogância, presunção, ira, crueldade e ignorância — tais coisas, ó Pandava (Arjuna), assinalam a pessoa cuja natureza é demoníaca.

5. As qualidades divinas conduzem à libertação. As demoníacas, à servidão (contínua e crescente). Mas não temas, Arjuna, pois foste aquinhoado com as primeiras.

6. Há, neste mundo, dois tipos de homens: os divinos e os demoníacos. Tratei longamente dos divinos. Agora Me ouve, ó Filho de Pritha (Arjuna), falar dos demoníacos.

7. Os demoníacos ignoram o significado da reta ação e não sabem quando devem impedir-se de agir.

8. Dizem: "O mundo é essencialmente imoral. Não há verdades que nos prendam. Não há Deus. Não há sistema algum no universo: tudo é acidental. A vida não tem finalidade afora o prazer dos sentidos".

9. Fracos de intelecto, esses homens que a si mesmos se arruinaram aferram-se a seu (tenebroso) sistema de crenças e perpetram incontáveis atrocidades. São inimigos da humanidade e querem destruí-la.

10. Abandonam-se a desejos insaciáveis: hipócritas, a fingir objetivos nobres, cheios de presunção, insolentes (com quem discorda deles), apregoando ideias (se é que as têm) repassadas de ilusão e agindo unicamente por motivos impuros.

11. Certos de que a satisfação das paixões físicas constitui o objetivo máximo do homem, seguros de que não existe outro mundo (e outra vida) a não ser estes, vivem até o instante da morte engolfados em preocupações e cuidados terrenos.

12. Atados pelos cordões de centenas de esperanças e projetos egoístas, avassalados pelas paixões e pela cólera, tentam

por meios desonestos amealhar fortuna a fim de obter prazeres sensuais.

13. "Essa quantia", dizem, "ganhei hoje e (posso agora) satisfazer meu desejo. Tenho isso no presente; mas quero mais."

14. (Ou então:) "(Hoje) dei cabo desse inimigo. Tenho de liquidar outros. O que quis, conquistei. Sou bem-sucedido, poderoso e feliz!"

15. (Dizem também:) "Sou rico e bem-nascido! Quem se compara comigo? Ostentarei minha grandeza dando esmolas e fazendo sacrifícios públicos. Rejubilar-me-ei (em minha glória)!" Assim se gabam, ludibriados por sua própria falta de sabedoria.

16. Vãos de pensamento, apanhados na (teia da) ilusão, ansiando unicamente por "deleites" sensuais, abismam-se (em vida e mais ainda depois da morte) num inferno sórdido.

17. Frívolos (descuidados), teimosos, intoxicados pelo orgulho da riqueza, hipócritas nos sacrifícios que oferecem, descuidosos dos mandamentos das escrituras,

18. egoístas, impiedosos, arrogantes, lascivos, dados a (acessos de) raiva, esses homens mal-intencionados desprezam-Me (embora Eu) resida neles como em todos os seres.

19. Esses cruéis representantes do mal, cheios de ódio — os piores da raça humana —, Eu os alojo repetidamente em ventres demoníacos quando retornam à Terra.

20. Amaldiçoados e decaídos, vítimas da ilusão vida após vida, (longe de) Me alcançar, mergulham nos abismos mais profundos.

21. Sensualidade, cólera e fome de ganho: eis os três caminhos para o inferno e para o fim da felicidade da alma. Em seu próprio interesse, deve o homem evitá-los.

22. Ó Filho de Kunti (Arjuna), evitando os três caminhos que conduzem aos reinos da treva, o homem age em prol de seus próprios interesses superiores e põe-se na vereda (ascendente) da condição suprema.

23. Aquele que ignora os mandamentos da escritura e segue os desejos de seu próprio ego não encontra nem a felicidade, nem a realização nem o objetivo supremo da vida.

24. Toma, pois, a (verdadeira) escritura como guia para saberes o que deve ou não deve ser feito. Pela compreensão intuitiva das injunções do texto sagrado, cumpre teus deveres terrenos.

Aqui termina o décimo sexto capítulo, intitulado "A Natureza do Divino e do Demoníaco", dos Upanishades do sagrado Bhagavad Gita, o diálogo em que Sri Krishna e Arjuna debatem sobre o yoga e a ciência da realização em Deus.

Capítulo 17

1. Arjuna perguntou: Aqueles que põem de parte as regras da escritura, mas sacrificam (a Deus) com devoção, que tipo de sacrifício fazem, ó Krishna? Sáttwico, rajásico ou tamásico?

2. O Senhor Abençoado disse: (O problema envolve) a qualidade da fé exercida — se ela é de fato sáttwica, rajásica ou tamásica. Ouve Minhas palavras a respeito.

3. A fé depende da natureza de cada um. O que o homem é, sua fé é também. A fé é o homem.

4. A reverência sáttwica é prestada aos devas; a rajásica, aos *yakshas* e *rakshasas*; a "devoção" tamásica é o fascínio que algumas pessoas sentem por fantasmas e espíritos (astrais).

5-6. A devoção tamásica às vezes assume a forma de um ascetismo extremado, que as escrituras não autorizam; e também de exibições hipócritas, demonstrações do ego, surtos de paixões e apegos carnais, ânsia insensata de poder. Com a maior frieza, (os praticantes desse tipo de devoção) torturam os elementos de seu corpo e com isso Me ofendem, a Mim, que resido em seus corpos.

7. Mesmo o apetite por comida é, conforme o caso, sáttwico, rajásico ou tamásico. A isso não escapam os tipos preferidos de yagya, ou sacrifício, penitências e modos de dar esmolas. Atenta bem para essas distinções.

8. Alimentos que promovem longevidade, vitalidade, resistência, saúde, bom humor e apetite saudável; que agradam ao paladar, são moderadamente temperados, nutritivos e bons para o corpo: eles propiciam (contentamento sáttwico) e gozam da preferência das pessoas sáttwicas.

9. Alimentos amargos, azedos, salgados demais, muito quentes, de gosto picante e ardidos (propiciam satisfação rajásica) e são da preferência do temperamento rajásico. Tais alimentos geram dor, mal-estar e doença.

10. Alimentos pouco nutritivos, sem gosto, pútridos, rançosos, deitados ao lixo ou (por qualquer outro modo) impuros (propiciam contentamento tamásico) e são preferidos pelas pessoas tamásicas.

11. O yagya (rito sacrificial ou cumprimento de dever) é sáttwico quando oferecido sem olhos para recompensas (pessoais), cumprido de acordo com (os ensinamentos das) escrituras e na firme crença de sua correção.

12. O yagya oferecido na esperança de recompensa, ó Flor dos Bharatas (Arjuna), e por simples ostentação é rajásico.

13. Enfim, considera-se tamásico o yagya que não é motivado pela atenção às exigências da escritura, que não faz oferendas (convenientes) de alimento ou dinheiro, que não é

acompanhado por cânticos e preces, e carece de devoção (a Deus).

14. Veneração dos devas, dos sacerdotes, dos gurus e dos sábios; pureza (de coração e ação); firmeza de propósito; contenção sexual; pacifismo (não violência): tais as práticas que constituem o ascetismo do corpo.

15. Dizer o que é agradável, benéfico e verdadeiro sem ofender, repetir o *japa* e as passagens da escritura: a isso se chama ascetismo da fala.

16. Equanimidade, simpatia, delicadeza, serenidade, autocontrole, pureza de coração, comunhão meditativa com o Eu verdadeiro: eis o que constitui o ascetismo da mente.

17. Esse tríplice ascetismo (do corpo, da fala e da mente) é sáttwico por natureza; praticam-no os devotos perseverantes, (abençoados com) religiosidade profunda e que não aspiram aos frutos de seus atos.

18. O ascetismo que visa a ganhar respeito, honrarias e renome — feito, portanto, por mero exibicionismo — não passa de ostentação, fútil e transitória. Chamamo-lo rajásico.

19. O ascetismo tamásico não tem nenhuma finalidade razoável: destina-se ora a prejudicar a própria pessoa, ora a infligir dano aos semelhantes.

20. Dar sattwicamente é não pensar em retribuição; é dar porque esse ato é correto — mas dar apropriadamente, no local e tempo certos, a alguém que o mereça.

21. Diz-se que uma doação é rajásica quando se faz, talvez relutantemente (devido à ideia de que se está perdendo algo), na esperança de obter algo em troca.

22. É tamásica a doação feita de maneira inadequada, no lugar e no tempo errados, a uma pessoa que não merece, de maneira desdenhosa ou de má vontade.

23. AUM, *Tat*, *Sat*: é assim que, convencionalmente, se designa Brahman (Deus). Desse poder emanaram no começo os sábios conhecedores de Brahman, os Vedas (sagrados) e os ritos sacrificiais (védicos).

24. Por isso, os atos sancionados pela escritura — sacrifício, caridade e prática do ascetismo (sáttwico) — sempre começam (tradicionalmente) pelo canto de AUM.

25. Os que almejam a libertação (espiritual) devem realizar todos os ritos do sacrifício (do ego) (o verdadeiro yagya), praticar a caridade (dividir com os semelhantes as bênçãos recebidas) e entregar-se ao ascetismo (sáttwico) quando se concentrarem no Eu superior (a consciência crística ou o Kutastha Chaitanya em si próprios), sem esperar nenhum resultado (específico).

26. A palavra "*Sat*" designa a Verdade Suprema (para além da criação vibratória) e a bondade absoluta que dela emana. Portanto, refere-se também a qualquer forma superior de ação espiritual.

27. Firmeza na oferenda de si mesmo (sacrifício) ao Infinito, ascetismo, caridade desinteressada e qualquer atividade com vistas à realização do Eu Supremo, também disso se diz que é "*Sat*".

28. Ó Partha (Arjuna)! Sacrifício, caridade ou ascetismo praticados sem fé são chamados de *asat* — "inverdade". Nem aqui nem no além possuem valor (espiritual).

Aqui termina o décimo sétimo capítulo, intitulado "Os Três Níveis da Prática Espiritual", dos Upanishades do sagrado Bhagavad Gita, o diálogo em que Sri Krishna e Arjuna debatem sobre o yoga e a ciência da realização em Deus.

Capítulo 18

1. Arjuna pediu: Desejo, ó Poderosamente Armado (Krishna), Vencedor de Keshi (o demônio da ignorância), conhecer o verdadeiro significado de *sannyasa* (renúncia) e também de *tyaga* (autoentrega), bem como a distinção entre ambas.

2. O Senhor Abençoado respondeu: A renúncia, no entender dos sábios, consiste em evitar toda ação motivada por um desejo (pessoal). Também no entender deles, não é toda ação que deve ser evitada, mas só aquela que cobiça frutos.

3. Alguns filósofos (teóricos) afirmam que todo esforço é vão. Outros insistem em que certas atividades são válidas, como o sacrifício (yagya), as obras filantrópicas e as (diversas formas de) ascetismo.

4. Ouve agora de Mim, ó Flor dos Bharatas (Arjuna), que *tyaga* (não apego aos frutos da ação) é considerado, ó Leão entre os Homens, como sendo de três tipos.

5. A atividade decorrente de yagya (sacrifício), obras filantrópicas e ascetismo (vide 17:14-16) deve sem dúvida ser executada e não abandonada, pois se a sabedoria a acompanha, ela purifica o coração.
6. Mas mesmo essas atividades (edificantes) devem ser executadas sem apego quer a elas mesmas, quer a seus frutos. Essa, ó Partha (Arjuna), é a Minha palavra final e definitiva.
7. Não é (louvável nem) correto renunciar ao cumprimento dos deveres. Fazê-lo quando ainda nas brumas da ilusão é (de fato) uma atitude considerada tamásica.
8. Quem renuncia a um dever por achá-lo difícil ou temer que lhe vá provocar sofrimento, fá-lo com consciência rajásica (animada pelo desejo e o apego). Jamais obterá recompensa por essa renúncia.
9. Ó Arjuna, aquele que renuncia de maneira sáttwica faz uma boa ação unicamente porque ela precisa ser feita, sem apegos nem esperança de recompensa.
10. Quem se mostra sábio na renúncia é calmo e nunca duvida. Não sente aversão por ações desagradáveis nem gosto pelas agradáveis.
11. Não é possível, ao ser encarnado, deixar de agir por completo. *Tyaga* (entrega de si mesmo), no entanto, torna-se viável pela renúncia aos frutos da ação.
12. Os frutos da ação (para quem a eles se apega) são de três tipos: agradáveis, desagradáveis e mistos. Aumentam após a morte (no mundo astral ou na encarnação seguinte) para a pessoa que a eles não renunciou — mas não para quem fez a oferenda de si mesmo.

13. Ó Poderosamente Armado (Arjuna), ouve agora quais são as cinco causas de toda ação e sua realização, catalogadas na suprema sabedoria Shankhya, e os meios de erradicar (os últimos vestígios do) karma.

14-15. As cinco causas de toda ação — certa ou errada — empreendida pelo homem no corpo, na fala e no espírito são estas: (1) o próprio corpo humano (sede da ação); (2) o agente causativo da ação (ego ou *jivatma*); (3) os vários instrumentos de ação (sentidos, mente e intelecto); (4) os diversos tipos de ação (o poder da fala e as atividades motoras das mãos, pés, e órgãos da excreção e da geração) e (5) o destino, que é a influência exercida por karmas e ações passadas, a "divindade que preside" a todos os atos.

16. Considerando-se quantos fatores influenciam a ação humana, a pessoa que, por falta de percepção, atribui a seu ego a responsabilidade por tudo que faz, mostra nada compreender.

17. Aquele que está acima da hipnose da motivação do ego, e tem compreensão clara (não distorcida pela falsa percepção), não é o matador no campo de batalha (de Kurukshetra) e não comete pecado algum ao matar.

18. Conhecer, conhecedor, conhecido: esses três elementos, juntos, provocam a ação — praticante, consciência de praticar e coisa praticada.

19. A percepção do ato, a realização desse ato e a pessoa que o realiza são, segundo o sistema Shankhya, de três tipos, dependendo dos gunas envolvidos. Ouve-Me agora discorrer sobre as manifestações desses três tipos.

20. Ó Arjuna, é sáttwica a influência na qual o Espírito indestrutível é percebido (como residente) em todos os seres, não separadamente em cada um deles ("o indiviso no dividido").

21. Essa influência, por outro lado, que se baseia em ver a multiplicidade dos seres como real (em si mesma), é, por natureza, rajásica.

22. Finalmente, essa influência é tamásica quando vê todos os efeitos como se eles não tivessem conexão alguma entre si, considerando irrelevante o motivo, importante ou trivial, que está por trás do ato.

23. Sáttwica é a ação divinamente inspirada, realizada com perfeito desapego, sem levar em conta gostos e aversões, e sem cobiçar seus frutos.

24. A ação é rajásica quando motivada por desejos, realizada com a consciência egoica e seguida da sensação de um grande esforço (stress).

25. A ação tamásica é realizada com negligência, sem atentar para a própria capacidade e sem olhos para as possíveis consequências — por exemplo, fracasso, ferimentos ou qualquer outro acidente desastroso para a pessoa ou os outros.

26. Chama-se sáttwica a ação empreendida sem que o ego a motive, alheia à realização e à não realização, ao sucesso e ao fracasso, mas animada de coragem e zelo.

27. O instrumento da ação (a pessoa que a realiza) é chamado rajásico quando cultiva intensamente o apego aos frutos e a esperança de colhê-los, quando é cheio de cobiça, moti-

vações impuras e determinação insensata, mostrando-se jubiloso ou deprimido em face do sucesso ou do fracasso.

28. A ação tamásica é vacilante, exibicionista, obstinada, inescrupulosa, desonesta, (frequentemente motivada pela) malícia, a preguiça e a procrastinação.

29. Ó Conquistador da Riqueza (Dhananjaya: Arjuna), agora explicarei em minúcia as três divisões dos gunas em sua relação com a capacidade humana de compreender e ser forte.

30. Ó Partha (Arjuna), é sáttwico o intelecto que percebe a natureza da reta ação e sabe abster-se até mesmo dela (mesmo que reta); que não ignora o que deve ou não ser feito; que nota a diferença entre o que deve ser temido (por ser errado) e o que deve ser aceito sem receios (por ser correto e direito), e entre a servidão e o caminho para a liberdade.

31. Ó Partha (Arjuna), é influenciado por rajas o intelecto que leva a pessoa a perceber de maneira distorcida o dharma e o adharma (ação certa e ação errada), confundindo também a ação devida e indevida.

32. Ó Partha (Arjuna), é tamásico o intelecto que, envolto na ignorância, pensa que o errado é certo e julga *tudo* (não apenas o dharma e o adharma) de maneira distorcida.

33. (Em matéria de firmeza), a robustez sáttwica depende de fortalecer a mente graças à meditação yóguica, mantendo a energia do corpo e dos sentidos sob o controle de *pranayama*.

34. A robustez rajásica manifesta-se pelo apego constante — ao dever, aos objetos de desejo ou às posses — e pela exi-

gência, em proveito próprio, dos frutos de cada esforço despendido.

35. A robustez tamásica, ó Partha (Arjuna), manifesta-se como o vício do sono, os medos obsessivos, as depressões, o abandono ao desespero, a arrogância sem limites.

36. Ouve agora de mim, ó Flor dos Bharatas (Arjuna), quais são os três tipos de felicidade, acima da qual só existe a bem-aventurança suprema — resultado da concentração mental constante (por meio da meditação). Só na bem-aventurança o homem depara com o fim do sofrimento.

37. A (felicidade humana) que chamamos sáttwica (é alcançada por meio do que) parece a princípio veneno, mas depois é como néctar e leva à percepção nítida do Eu.

38. É rajásica a felicidade que brota do contato dos sentidos com seus objetos. Ela parece néctar a princípio, mas no fim toma gosto de veneno.

39. É dita tamásica a felicidade esquiva que começa e termina pelo estupor desiludido da preguiça, da embriaguez e do desleixo.

40. Não há ninguém no mundo material (ou no universo material), nem entre os deuses dos céus astrais, que esteja livre das três qualidades, ou gunas, nascidas de Prakriti (Natureza Cósmica, manifestação de Deus).

41. Ó Vencedor de Inimigos (Arjuna), os deveres dos brahmins, kshatriyas, vaishyas e também shudras dependem dos gunas que predominam em suas naturezas.

42. Os deveres próprios de um brahmin (a casta superior) são: controle da mente (concentração), domínio dos sentidos

(graças à prática de *pranayama*), autocontrole, pureza, capacidade de perdoar, integridade, sabedoria, meditação para atingir a autorrealização e fé numa verdade suprema.

43. Eis os deveres naturais de um kshatriya: coragem, vigor, robustez, desembaraço, habilidade na ação, firmeza diante do inimigo (não importa o tipo de "batalha" a ser travada), munificência e liderança (de um tipo capaz de inspirar os outros).

44. Os deveres naturais de um vaishya são: lavrar a terra, cuidar do gado e fazer negócios. Já o shudra deve servir os membros das castas superiores.

45. Atentos todos a seus próprios deveres, os homens obtêm o máximo sucesso. Ouve agora como, dedicada ao cumprimento de suas obrigações, a pessoa consegue avançar para essa meta final.

46. Atinge a perfeição o homem que oferece seus dons especiais Àquele que permeia todo (o universo) e por meio do qual todos os seres se manifestaram.

47. Mais vale cair tentando seguir o próprio dharma do que vencer seguindo o dharma de outrem. Ninguém peca quando procura cumprir seu dever.

48. Ó Filho de Kunti (Arjuna), o homem não deve abandonar o trabalho ditado por sua própria natureza, mesmo que (o trabalho) tenha algumas imperfeições: todos os empreendimentos (até os melhores) apresentam falhas e até a chama é (obscurecida) pela fumaça.

49. Aproxima-se mais da perfeição aquele que mantém o intelecto longe das coisas exteriores ao Eu, subjuga o Eu e faz com que (todos) os desejos se afastem dele.

50. Ó Filho de Kunti (Arjuna), ouve isto: aquele que alcança semelhante perfeição encontra a culminância (de toda busca) em Brahman.

51. Eis a pessoa qualificada para se tornar uma com Brahman: aquela que se absorve na pureza absoluta do intelecto; subjuga o corpo e os sentidos por um ato resoluto de autocontrole; protege-se (tanto quanto possível) do barulho e outras complicações dos sentidos; repele tanto o apego quanto a repugnância;

52. mora num lugar solitário, come pouco, controla o corpo, a língua e a mente; absorve-se na divina meditação do yoga; não tem paixões;

53. é serena; humilde; alheia aos atrativos do poder, vaidade, cobiça, cólera, posses — e consciência do "eu" e do "meu".

54. Atinge a suprema devoção a Mim, podendo absorver-se em Brahman, aquele que é interiormente calmo, nunca se lamenta e nada deseja, vendo todos os seres com olhos iguais.

55. Pela suprema devoção a Mim, pode sem tardança perceber-Me em Minha verdadeira natureza: quem e o que Eu sou. Sabedor dessas verdades, entrará em Mim sem hesitação.

56. Afora cumprir fielmente todos os deveres e abrigar-se em Mim (por completo), deverá ainda ser recebido por Minha graça.

57. Mentalmente, devota tuas ações a Mim. Considera-Me teu Objetivo Supremo. Ergue até Mim cada discernimento de teu intelecto. Assim, com amor, dissolve todos os sentimentos de teu coração em Mim.

58. Com o coração dissolvido em Mim, conseguirás (também) superar por Minha graça quaisquer obstáculos. Mas se, refreado por algum pensamento insistente do ego, não te voltares para Mim com extrema atenção (mesclando tua consciência à Minha), poderás encaminhar-te de novo para tua ruína.

59. Se, acedendo ao ego, determinares: "Não vou lutar", acabarás lutando de qualquer maneira, forçado a agir assim pela Natureza (a tua própria e a cósmica).

60. Ó Filho de Kunti, essa ilusão (momentânea) — o fruto maduro de um karma passado — que te fez desistir de lutar será banida de ti por outro karma (bom) e verás que não tens (escolha) a não ser combater de qualquer maneira.

61. Ó Arjuna, o Senhor habita no coração de todos os seres. A ilusão cósmica obriga-os a revolver-se como se estivessem montados numa máquina.

62. Ó Arjuna, (só a Ele) transforma de todo o coração em teu refúgio. Por Sua graça encontrarás paz absoluta e abrigo por toda a eternidade.

63. Assim a sabedoria, o mais recôndito (e sagrado) de todos os segredos, te foi dada por Mim. Reflete a respeito. Depois, faze como quiseres.

64. Ouve de novo Minha palavra suprema, a mais secreta (e sagrada) de todas. Pois que te amo ternamente, quero que a recebas para teu maior benefício.

65. Dilui teu ser em Mim; devota-te inteiramente a Mim; só diante de Mim te curves em reverência. Assim, sem dúvida Me alcançarás. Isso te prometo sinceramente, pois Me és querido.

66. Pondo de parte quaisquer outros dharmas (deveres), lembra-te de Mim apenas. Eu te livrarei de todos os pecados (mesmo o de não cumprires outros deveres menores). Não te preocupes!

67. Jamais dividas essas verdades com alguém que não tenha autocontrole nem devoção, que, por egoísmo, não partilhe nada com os semelhantes, que seja indiferente a elas ou não se preocupe em buscar-Me.

68-69. Quem se dispuser, com intensa devoção, a partilhar esse conhecimento supremo e secreto com Meus devotos virá sem dúvida até Mim. Ninguém, entre os homens, Me prestará serviço melhor. E, no mundo inteiro, Me será mais caro.

70. Aquele que estuda e (intuitivamente) compreende este diálogo sagrado entre nós reverencia-Me com o sacrifício (auto-oferenda) da sabedoria. Essas são Minhas sagradas palavras.

71. Mesmo aquele que, cheio de devoção e despido de ceticismo, apenas ouvir este discurso sagrado, absorvendo seus ensinamentos, ficará livre do karma terreno e conta-

rá com a bênção necessária para adentrar o reino superior dos virtuosos.

72. Ó Partha (Arjuna)! Terás mesmo acolhido essa sabedoria com elevação de consciência? Tua ignorância nascida da ilusão foi enfim, ó Dhananjaya, dissolvida?

73. Arjuna respondeu: Minha ilusão foi demolida! Recuperei graças a Ti, ó Krishna, a lembrança de minha alma. Agora estou seguro, todas as minhas dúvidas se dissiparam e todas as minhas perguntas foram respondidas. Agirei doravante segundo Tua palavra.

74. Sanjaya disse: Eis o maravilhoso diálogo que ouvi entre Vasudeva (Krishna) e o magnânimo Arjuna. Todos os pelos de meu corpo se eriçaram (tamanho o espanto e tamanha a alegria que senti).

75. Graças a Byasa (autor do Bhagavad Gita), esse segredo supremo do yoga me foi transmitido, e insinuado em minha consciência diretamente por Krishna, o grande Senhor do yoga.

76. Ó Rei Dhritarashtra, não cesso de alegrar-me sempre que evoco esse magnífico e sagrado diálogo entre Keshava (Krishna) e Arjuna.

77. E quando, ó Rei Dhritarashtra, me vem à lembrança a manifestação cósmica de Hari (Krishna, o "Ladrão de Corações"), encho-me de espanto e de alegria incontida.

78. (Sanjaya conclui:) Hoje minha fé é tal que, não importa onde Krishna se manifeste e onde esteja Partha (o verdadeiro devoto, Arjuna), que verga com destreza o arco do autodomínio, sei que ali haverá êxito, vitória, conquista do

poder (necessário a qualquer realização), manifestação de glória e honestidade. Nisso creio firmemente.

Aqui termina o décimo oitavo capítulo, intitulado "O Yoga da Liberdade pela Renúncia", dos Upanishades do sagrado Bhagavad Gita, o diálogo em que Sri Krishna e Arjuna debatem sobre o yoga e a ciência da realização em Deus.

Sobre o Autor

Paramahansa Yogananda foi o primeiro mestre de yoga indiano a residir e ensinar a vida toda no Ocidente. Chegou à América em 1920 e percorreu os Estados Unidos naquilo que chamou de suas "campanhas espirituais". Seu público entusiasta enchia as maiores salas do país. Verdadeira sensação nacional, as palestras e livros de Yogananda foram amplamente comentados pelos grandes veículos de comunicação da época, inclusive *Time Magazine*, *Newsweek* e *Life*. Ele chegou a ser convidado para visitar a Casa Branca pelo presidente Calvin Coolidge. Yogananda continuou a dar palestras e escrever até seu falecimento em 1952.

Como autor de *Autobiografia de um Yogue*, publicada pela primeira vez em 1946, Yogananda ajudou a promover uma revolução espiritual no mundo inteiro. Sua mensagem era não sectária e universal.

Sobre o Organizador

Autor prolífico, compositor, dramaturgo e artista de incontestável mérito, além de mestre espiritual renomado no mundo inteiro, Swami Kriyananda refere-se a si mesmo simplesmente como "um humilde discípulo" do grande mestre realizado em Deus, Paramahansa Yogananda. Conheceu seu guru muito jovem ainda, com 22 anos de idade, e serviu-o durante os quatro últimos anos da vida do Mestre. E tem feito isso desde então.

Kriyananda nasceu na Romênia, de pais americanos, e foi educado na Inglaterra, outras partes da Europa e Estados Unidos. Com propensões filosóficas e artísticas desde a mocidade, logo se pôs a questionar o significado da vida e os valores da sociedade. Durante um período de intensa reflexão, descobriu a *Autobiografia de um Yogue*, de Paramahansa Yogananda, e imediatamente iniciou uma viagem de quase quatro mil quilômetros de Nova York à Califórnia para conhecer o Mestre, que o aceitou como discípulo monástico. Yogananda nomeou-o diretor do mosteiro, autorizou-o a ensinar em seu nome e a proporcionar iniciação no Kriya Yoga, confiou-lhe a missão de escrever e fê-lo fundador do que chamava de "colônias mundiais de fraternidade".

Reconhecido como o "pai do movimento de comunidades espirituais" nos Estados Unidos, Swami Kriyananda fundou a Ananda World Brotherhood Community em 1968, que serviu de modelo para muitas outras surgidas depois nos Estados Unidos e na Europa.

Em 2003, Swami Kriyananda, então com 78 anos, transferiu-se para a Índia com um pequeno grupo de discípulos de vários países a fim de dedicar o resto de sua vida à divulgação mais ampla dos ensinamentos de seu guru. Para tanto, aparece diariamente na rede nacional de televisão indiana com o programa *A Way of Awakening*. Fundou também a Ananda Sangha, que já publicou muitas de suas obras literárias e dissemina as lições de Kriya Yoga por toda a Índia. Seus projetos para os próximos anos incluem a fundação de comunidades espirituais cooperativas na Índia, um templo para todas as religiões dedicado a Paramahansa Yogananda, um centro de retiro, um sistema escolar e um mosteiro, além do Yoga Institute of Living Wisdom, de nível universitário.